초등학생을 위한
교과서 필수 초등한자
150자 쓰기노트

초등학생을 위한
교과서 필수 초등한자 150자 쓰기노트

2쇄 인쇄   2025년 1월 15일
2쇄 발행   2025년 1월 24일

편저자   시사정보연구원
발행인   권윤삼
발행처   도서출판 산수야

등록번호   제1-1515호
주소   서울시 마포구 월드컵로 165-4
우편번호   03962
전화   02-332-9655
팩스   02-335-0674

ISBN 978-89-8097-490-0   73710

값은 뒤표지에 있습니다. 잘못된 책은 바꾸어 드립니다.

이 책의 모든 법적 권리는 도서출판 산수야에 있습니다.
저작권법에 의해 보호받는 저작물이므로
본사의 허락 없이 무단 전재, 복제, 전자출판 등을 금합니다.

이 도서의 국립중앙도서관 출판시도서목록(CIP)은
서지정보유통지원시스템 홈페이지(http://seoji.nl.go.kr)와
국가자료공동목록시스템(http://www.nl.go.kr/kolisnet)에서 이용하실 수 있습니다.
(CIP제어번호: CIP2020002150)

초등 교과서 기초 한자 시리즈

초등학생을 위한 교과서 필수 초등한자 150자 쓰기노트

시사정보연구원 편저

시사패스
SISAPASS.COM

★ 머리말

어휘력과 이해력 향상으로 성적이 쑥쑥 올라가는 일석이조* 효과
단기간에 정복하는 초등학교 필수 기초 한자 150자

*일석이조(一石二鳥); 돌 한 개를 던져 새 두 마리를 잡는다는 뜻으로, 동시에 두 가지 이득을 봄을 이르는 말.

우리가 사용하는 언어의 대부분을 한자어가 차지하고 있다는 사실을 어린이 여러분은 알고 있나요? 어머니 아버지를 뜻하는 부모(父母)도 한자이고, 우리가 공부를 하고 친구와 사이좋게 지내는 학교(學校)도 한자로 구성된 글자랍니다. 우리는 공부를 하면서 한자어로 구성된 어휘들을 만나게 돼요. 한자로 구성된 어휘들이지만 사실은 어려운 단어들이 아니라 한자의 뜻을 알면 그 의미를 쉽게 파악할 수 있답니다.

한자는 우리의 생활 깊숙한 곳까지 들어와 있기 때문에 내가 미처 생각하지도 못하는 사이에 한자어를 사용하고 있어요. 우리의 생활 전반에 뿌리내리고 있는 한자의 중요성이 강조되면서 한자 학습 붐이 일고 있어요. 한자능력시험도 대표적인 예라 할 수 있고, 최근 교육부가 인성교육과 한자교육을 강조한다는 정책을 발표함에 따라 교과서에도 한자가 병기되지요.

옛날 사람들은 의사소통을 위해 해와 달, 강과 산, 나무와 여러 가지 사물을 본떠서 글자를 만들었고, 그것들이 바로 한자가 탄생하게 된 기초가 되었어요. 모든 공부가 그렇듯이 한자도 원리를 알고 나면 익히기 쉬운 글자랍니다.

이 책에는 한자의 형성원리와 함께 어린이 여러분이 처음 접하는 한자를 쉽고 재미있게 배울 수 있도록 다양한 장치들을 숨겨놓았어요. 먼저 50자를 관련 글자끼리 6가지 주제로 모았어요. 노래를 부르듯 흥얼거리면 자신도 모르는 사이에 한자가 익숙해진답니다. 친숙해진 한자를 바탕으로 100가지를 깨우쳐 가면 기본 한자 150자를 순식간에 정복할 수 있어요.

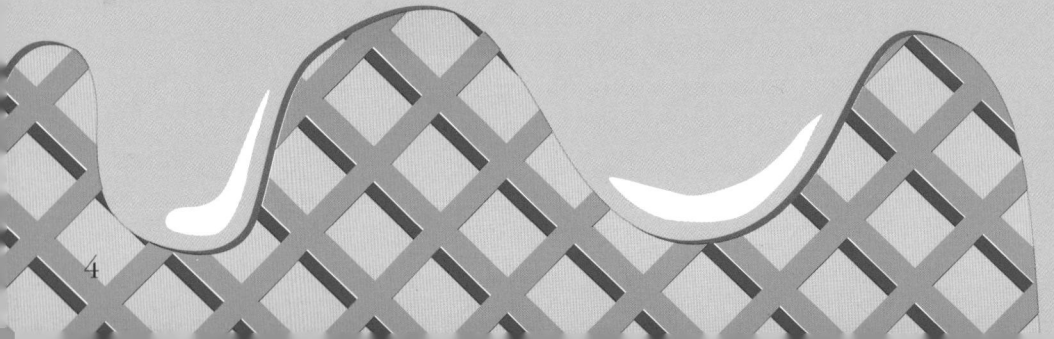

재미가 있어야 공부도 계속할 수 있잖아요? 그래서 각 한자가 들어간 고사성어를 수록하여 뜻도 파악하고 어휘도 늘리는 일석이조의 효과를 거둘 수 있도록 편집했어요. 어린이 여러분이 익힌 한자는 잊어버리지 않도록 한자 쓰는 순서, 부수, 관련 단어, 쓰기 연습까지 망라하여 한 권에 구성했답니다. 여기에 한자능력시험 7급과 8급도 대비할 수 있도록 배려했어요. 계획표를 활용하여 스스로 목표를 이루어 가는 어린이가 되세요.

눈으로 보고, 손으로 쓰고, 입으로 말하면서 익힌 한자는 우리의 마음속에 새겨져서 평생을 간답니다. 이 책을 활용하여 어린이 여러분의 숨은 실력을 펼쳐보세요.

이 책의 특징

• 한자 맛보기
'혹시 한자가 어렵지는 않을까' 라고 생각하는 어린이들을 위해 한자의 원리를 깨치는 데 목표를 두고 구성했어요.

• 한자 익히기
한자의 변천 과정과 흥미롭고 재미있는 풀이를 통하여 쉽고 체계적으로 학습할 수 있도록 구성했어요.

• 어휘력 쌓기
공부한 한자를 바로 활용하여 어휘력을 높일 수 있도록 문장을 구성했어요. 어휘력을 높이면 이해력이 높아져 국어 실력뿐만 아니라 사회나 과학, 수학까지도 재미있게 공부할 수 있어요.

• 고사성어로 배우기
고사성어를 통하여 상상의 세계와 지적 호기심을 채워주고, 어휘력을 한층 높여 한자 활용에 자신감을 갖도록 구성했어요.

• 한자능력시험 8급~7급
한자능력시험 8급~7급을 한 권으로 끝낼 수 있어요. 기출문제는 응시하는 곳 홈페이지에서 무료로 사용할 수 있으니 참고하세요.

★ 꿈을 만들어 가는 어린이를 위한 실천 계획표

★ 나의 꿈은?

★ 꿈을 이루기 위한 계획은?

★ 나의 목표는?

★ 목표를 이루기 위한 계획은?

★ 공부 목표

★ 하루 생활 목표

오늘 꼭 해야 하는 일
1.
2.
3.

오늘 시작할 일
1.
2.
3.

학교 수업 준비
1.
2.
3.

학교 숙제
1.
2.
3.

미래의 나를 위해 5분 투자하기
1.
2.
3.

건강한 생활을 위해 운동하기
1.
2.
3.

★ 일주일 생활 목표

일	
월	
화	
수	
목	
금	
토	

* 이번 주 특별히 해야 하는 일 :

* 이번 주 마무리할 일 :

* 이번 주 학교 수업 준비 :

* 이번 주 학교 숙제 :

* 미래의 나를 위해 5분 투자하기 :

* 건강한 생활을 위해 운동하기 :

★ 월별 생활 목표

월

일	월	화	수	목	금	토

* 이번 달 특별히 해야 하는 일 :

* 이번 달 마무리할 일 :

* 이번 달 학교 수업 준비 :

* 이번 달 학교 행사나 기타 행사 :

* 미래의 나를 위해 5분 투자하기 :

* 건강한 생활을 위해 운동하기 :

★ 한자의 형성 원리를 배워요

1. 한자는 실제 모양과 형태를 본뜬 글자예요. 상형문자라고 하지요.

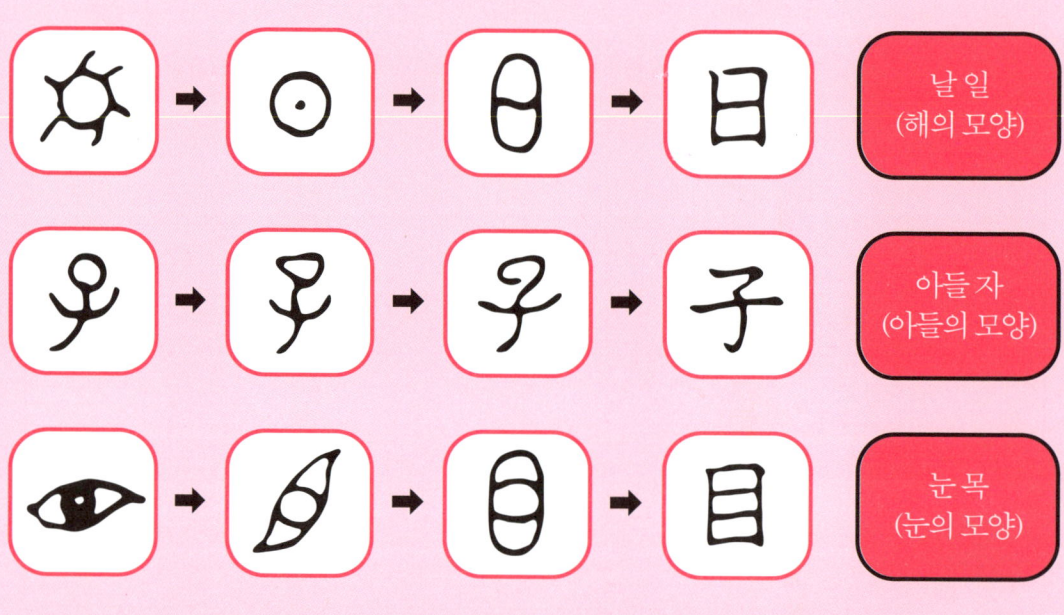

2. 실제 모양으로 나타낼 수 없는 것은 점이나 선이나 부호로 그려 글자를 만들어요. 지사문자라고 하지요.

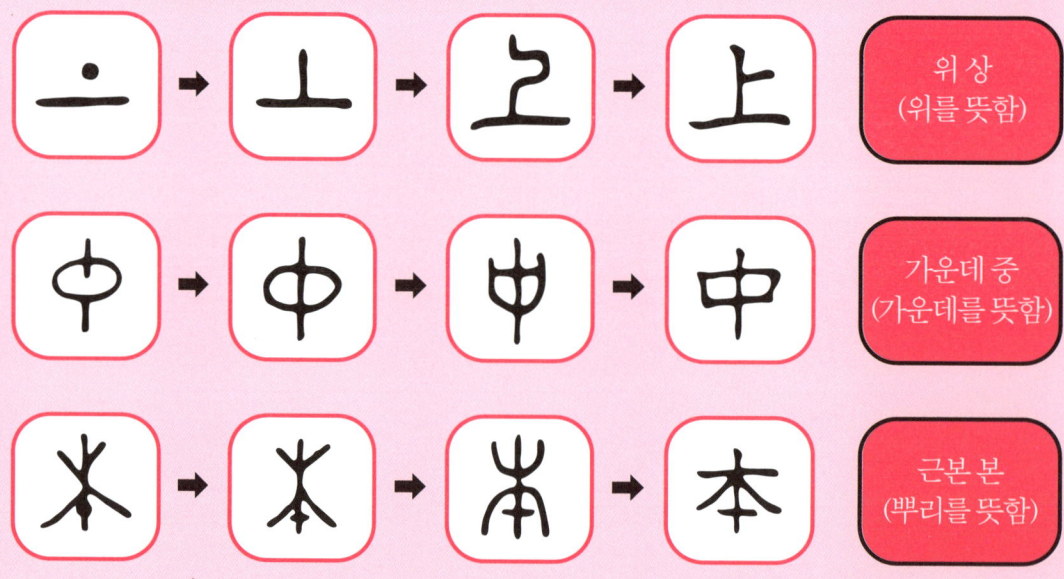

3. 이미 만들어진 글자를 둘 이상 합쳐서 새로운 글자를 만들어요.
회의문자나 형성문자라고 하지요.

밭에서 힘써 일하는 사람을 남자로 나타냈답니다.

해와 달이 같이 있으니 엄청 밝다는 뜻이 된답니다.

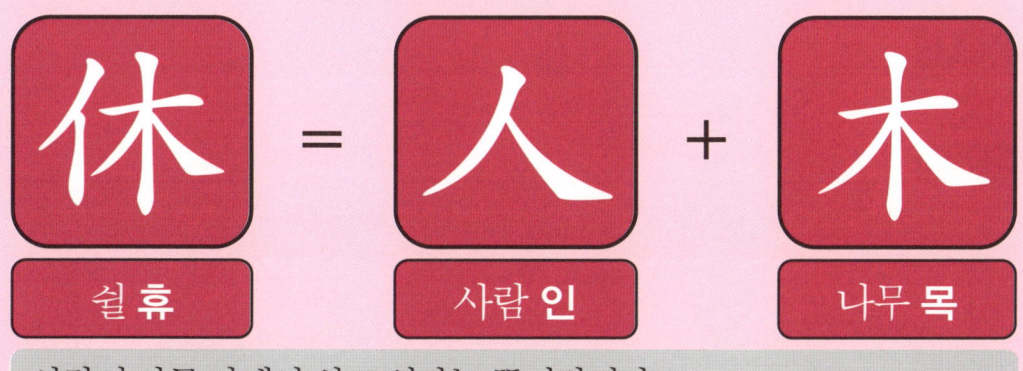

사람이 나무 아래서 쉬고 있다는 뜻이랍니다.

★ 한자 쓰기의 기본 원칙을 배워요

1. 위에서 아래로 쓴다.

言 말씀 언	一 二 亠 亍 言 言 言
雲 구름 운	一 厂 宀 币 币 乕 重 雪 雲 雲 雲

2. 왼쪽에서 오른쪽으로 쓴다.

江 강 강	丶 冫 氵 汀 江 江
例 법식 예	丿 亻 伂 伊 伊 例 例

3. 가로획과 세로획이 겹칠 때는 가로획을 먼저 쓴다.

用 쓸 용	丿 刀 月 月 用
共 함께 공	一 十 卄 井 共 共

4. 삐침과 파임이 만날 때는 삐침을 먼저 쓴다.

人 사람 인	丿 人
文 글월 문	丶 一 ナ 文

5. 좌우가 대칭될 때에는 가운데를 먼저 쓴다.

小 작을 소	亅 小 小
承 받들 승	丁 了 了 孑 丞 承 承

12

6. 둘러 싼 모양으로 된 자는 바깥쪽을 먼저 쓴다.

同 같을 동 — 丨 冂 冃 同 同 同

病 병날 병 — 丶 亠 广 广 疒 疒 疒 病 病 病

7. 글자를 가로지르는 가로획은 나중에 긋는다.

女 여자 녀 — 〈 ㄑ 女

母 어미 모 — 〈 ㄗ ㄋ 母 母 母

8. 글자 전체를 꿰뚫는 세로획은 나중에 쓴다.

車 수레 거 — 一 厂 币 币 둘 亘 車

事 일 사 — 一 厂 币 币 写 写 写 事

9. 책받침(辶, 廴)은 나중에 쓴다

近 원근 근 — 丿 厂 厂 斤 斤 沂 近

建 세울 건 — 丁 ㄱ ㅋ ㅋ 글 크 聿 聿 津 建

10. 오른쪽 위에 점이 있는 글자는 그 점을 나중에 찍는다.

犬 개 견 — 一 ナ 大 犬

成 이룰 성 — 丿 厂 厂 厈 成 成 成

★ 기초 한자 50자를 5자로 묶었어요. 노래를 부르듯 배워 봐요!

一 일	二 이	三 삼	四 사	五 오
六 육	七 칠	八 팔	九 구	十 십
日 일	月 월	火 화	水 수	木 목
金 금	土 토	萬 만	外 외	門 문
山 산	寸 촌	白 백	小 소	女 녀
父 부	母 모	兄 형	弟 제	長 장
東 동	西 서	南 남	北 북	人 인
學 학	校 교	先 선	生 생	王 왕
敎 교	室 실	中 중	靑 청	年 년
大 대	韓 한	民 민	國 국	軍 군

★ 기초 한자 50자를 관련 글자끼리 재미있게 배워요!

숫자	一 二 三 四 五 六 七 八 九 十 萬 일 이 삼 사 오 육 칠 팔 구 십 만
요일	日 月 火 水 木 金 土 일 월 화 수 목 금 토
가족	父 母 兄 弟 女 人 外 寸 부 모 형 제 여 인 외 촌
학교	學 校 長 先 生 敎 室 年 학 교 장 선 생 교 실 년
국가·크기	大 韓 民 國 中 小 王 軍 대 한 민 국 중 소 왕 군
방위·자연	東 西 南 北 靑 白 山 門 동 서 남 북 청 백 산 문

★ 기초 한자 100자를 5자로 묶었어요.

家가	歌가	間간	江강	車거
工공	空공	口구	氣기	記기
旗기	男남	內내	農농	答답
道도	同동	冬동	洞동	動동
登등	來래	力력	老로	里리
林림	立립	每매	面면	名명
命명	文문	問문	物물	方방
百백	夫부	不불	事사	算산
上상	色색	夕석	姓성	世세
少소	所소	手수	數수	市시

ㄱ

집 **가**　　　　　부수 : 宀(갓머리) 총 10획

丶丶宀宀宀宀家家家家

돼지(豕), 즉 가축이 집(宀) 안에 있어요. 옛날에는 가축과 같이 모여서 사는 곳을 집이라 생각했어요.

家事 가사	집안 살림살이에 관한 일, 또는 한 집안의 사사로운 일. (事 일 사)
家族 가족	부부를 기초로 하여 한 가정을 이루는 사람들. (族 겨레 족)

自家撞着
자 가 당 착

자기(自己)의 언행(言行)이 앞뒤가 서로 맞지 아니하고 모순(矛盾)됨을 이르는 말이에요.

노래 **가**　　　　　부수 : 欠(하품흠) 총 14획

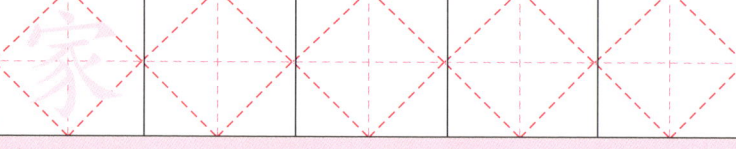

하품하는 모양(欠)으로 소리를 길게 빼서 노래한다(哥)가 합하여서 노래를 뜻해요.

歌手 가수	노래 부르는 것을 직업(職業)으로 삼는 사람. (手 손 수)
歌人 가인	노래를 부르거나 짓는 사람. (人 사람 인)

歌

四面楚歌
사 면 초 가

사방(四方)에서 들리는 초(楚)나라의 노래라는 뜻으로, 적에게 둘러싸인 상태(狀態)나 누구의 도움도 받을 수 없는 외롭고 곤란한 지경에 빠진 형편(形便)을 이르는 말이에요.

間

사이 간 부수: 門(문문) 총 12획

丨 丨 丨 丨 丨 門 門 門 問 間

문(門)이나 방문 틈으로 햇빛(日)이 비친다는 뜻에서 사이를 뜻해요.

間言 간언	남의 사이를 떼어놓는 말. (言 말씀 언)
間印 간인	서류(書類)에 얽어 맨 종잇장 사이에 도장(圖章)을 걸쳐 찍음. (印 도장 인, 찍을 인)

間 間 間

間世之材 간세지재 — 여러 세대를 통하여 드물게 나는 뛰어난 인재(人材)를 말해요.

江

강 강 부수: 氵(삼수변) 총 6획

丶 丶 氵 氵 江 江

냇물(水 = 氵)이 모여서 만들어지는(工) 것이 바로 강이에요.

江南 강남	① 강의 남쪽. ② 따뜻한 남쪽 나라. (南 남녘 남)
江北 강북	① 강의 북쪽 지방(地方). ② 한강(漢江)의 북쪽 지방(地方). (北 북녘 북)

江 江 江

錦繡江山 금수강산 — 비단(緋緞)에 수를 놓은 듯이 아름다운 산천(山川)이라는 뜻으로, 우리나라 강산(江山)을 이르는 말이랍니다.

수레 거, 수레 차　　부수 : 車(수레거) 총 7획

一 ㄷ 冂 冃 百 亘 車

수레의 모양을 본떠 만들었어요.

車內 차내	자동차(自動車)나 열차(列車)나 전동차 등의 안. (內 안 내)
車馬 거마	① 수레와 말. ② 수레에 맨 말. (馬 말 마)

車魚之歎
거 어 지 탄

수레와 고기가 없음을 탄식(歎息)한다는 뜻으로, 사람의 욕심에는 한(限)이 없음을 이르는 말이랍니다.

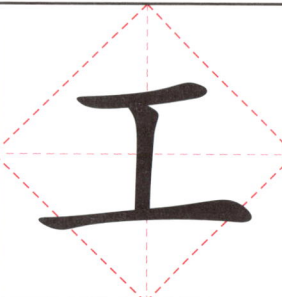

장인 공　　부수 : 工(장인공) 총 3획

一 丁 工

구멍을 뚫거나 다듬을 때 쓰는 자나 도구의 모양을 본떠 만들었기 때문에 일이나 관리라는 뜻도 돼요.

工事 공사	공장(工場)이나 토목(土木), 건축(建築) 등(等)에 관(關)한 일. (事 일 사)
工賃 공임	물품(物品)을 만드는 품삯. (賃 품팔이 임)

士農工商
사 농 공 상

선비 · 농부(農夫) · 공장(工匠) · 상인(商人) 등(等) 네 가지 신분(身分)을 아울러 이르는 말이에요.

빌 공	부수 : 穴(구멍혈) 총 8획
` ´ ㆍ 宀 㝉 空 空 空 空	
도구(工)를 이용하여 판 구멍(穴)이 비었으니 빌 공이 되었어요.	

空氣 공기	지구(地球)의 표면(表面)을 둘러싸고 있는 무색(無色), 무취(無臭), 투명(透明)의 기체(氣體). (氣 기운 기)
空中 공중	하늘, 하늘 가운데, 중천(中天). (中 중간 중)

空中樓閣 공중누각 — '공중(空中)에 세워진 누각(樓閣)'이란 뜻으로, 근거(根據) 또는 토대(土臺)가 없는 생각이나 사물(事物)을 이를 때 공중누각이라 말해요.

학교 교	부수 : 木(나무목) 총 10획
一 十 才 才 朩 朩 朩 杧 柼 校	
옛날에는 학교라는 건물이 없었어요. 그래서 나무 아래에서 선생님에게 배웠지요. 이곳에서 친구들과 사귀(交)면서 사회성을 익힌다는 의미를 담고 있어요.	

校歌 교가	학교(學校)를 상징하는 노래로 학교의 교육 정신, 이상, 특성 등을 담아 학생(學生)으로 하여금 부르게 하는 노래. (哥 노래 가)
母校 모교	자기(自己)가 졸업(卒業)한 학교(學校). (母 어미 모)

初等學校 초등학교 — 어린이들에게 기본적인 교육(教育)을 실시하기 위한 학교(學校)를 말해요. 현재 우리나라에서는 만 6세의 어린이를 입학시켜서 6년 동안 의무적으로 가르치고 있어요.

가르칠 교   부수 : 攵(등글월문) 총 11획

丿 乂 ⺧ 耂 耂 孝 孝 孝 敎 敎 敎

가르칠 교는 孝(효도 효)+攵(칠복)이 합쳐진 글자예요. 효도(孝)를 회초리로 쳐서(攵)라도 가르친다는 의미를 담고 있지요. 인성의 기초가 되는 도리(효도)를 가르친다는 의미예요.

敎師 교사	일정한 자격을 가지고 학생을 가르치는 사람. (師 스승 사)
敎訓 교훈	가르치고 깨우침, 타이름, 훈계(訓戒)함. (訓 훈계 훈)

敎學相長 교학상장

가르침과 배움이 서로 진보시켜 준다는 뜻으로, 가르치거나 스승에게 배우는 것 모두가 자신의 학업(學業)을 증진(增進)시킨다는 뜻이에요. 즉, 가르치는 일과 배우는 일이 자신의 공부(工夫)를 진보(進步)시킨다는 의미지요.

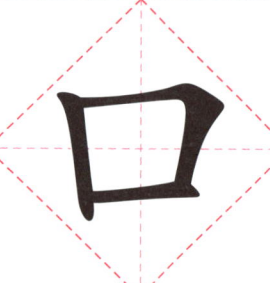

입 구   부수 : 口(입구) 총 3획

丨 冂 口

사람의 입 모양을 본떠 만든 글자예요.

口腔 구강	입 안의 빈 곳. 곧 소화관(消化管)의 맨 앞 끝 부분(部分)으로 입에서 목구멍에 이르는 부분(部分). (腔 빈속 강)
口呼 구호	① 외침. ② 말로 부름. (呼 부를 호)

糊口之策 호구지책

'입에 풀칠하다'라는 뜻으로, 겨우 먹고 살아가는 방책(方策)을 말해요.

아홉 구	부수 : 乙(새을) 총 2획
ノ 九	

열(十)에서 하나가 모자란다는 것을 보여 주려고 가로를 오른쪽으로 구부렸어요. 아홉이라는 말이지요.

九十 구십	아흔의 한자어(漢字語). (十 열 십)
九九段 구구단	구구법(九九法)을 흔히 이르는 말. (段 층계 단)

九牛一毛 구 우 일 모	아홉 마리 소에 털 한 가닥이 빠진 정도(程度)라는 뜻으로, 아주 큰 물건(物件) 속에 있는 아주 작은 물건(物件)이나 대단히 많은 것 중의 아주 적은 것을 뜻해요.

나라 국	부수 : 囗(큰입구몸) 총 11획
丨 冂 冃 冃 冐 冐 冐 國 國 國 國	

나라는 국경(囗)이 있고, 국경을 군인들이 창(戈)을 들고 지켰어요. 그 모습을 표현한 글자예요.

國民 국민	한 나라의 통치권(統治權) 아래에 그 나라의 국적(國籍)을 가지고 있는 백성(百姓). (民 백성 민)
國家 국가	일정한 영토와 거기에 사는 사람들로 구성되고, 주권에 의한 하나의 통치 조직을 가지고 있는 사회 집단. 국민(國民)·영토(領土)·주권(主權)의 3요소가 필요함. (家 집 가)

殉國先烈 순 국 선 열	나라를 위하여 목숨을 바친 윗대의 열사(烈士)를 말해요.

군사 군	부수: 車(수레거) 총 9획
ノ 冖 冖 冖 冋 冝 写 軍 軍	
전차(車)가 보이지 않도록 잘 덮어서(冖) 싸우는 사람이 군사예요.	

國軍 국군	나라의 군대(軍隊), 대한민국(大韓民國)의 군대(軍隊). (國 나라 국)
軍隊 군대	일정(一定)한 조직(組織) 편제(編制)를 가진 군인(軍人)의 집단(集團). (隊 무리 대)

獨不將軍 독불장군 — 혼자서는 장군(將軍)을 못한다는 뜻으로, 남의 의견(意見)을 무시(無視)하고 혼자 모든 일을 처리(處理)하는 사람을 비유해요.

쇠 금, 성씨 김	부수: 金(쇠금) 총 8획
ノ 人 ㅅ 今 仐 仐 金 金	
쇠가 흙(土) 속에 묻혀 있음을 나타내고 있어요.	

金剛山 금강산	강원도 북부에 있는 이름난 산으로 봄에는 금강산(金剛山), 여름에는 봉래산(蓬萊山), 가을에는 풍악산(楓嶽山), 겨울에는 개골산(皆骨山)으로 불림. (剛 굳셀 강, 山 뫼 산)
金冠 금관	금으로 만들거나 장식(裝飾)한 관. 황금보관(黃金寶冠)의 준말. (冠 갓 관)

金石之交 금석지교 — 쇠와 돌처럼 변함없는 굳은 사귐을 말해요.

기운 **기**	부수 : 气(기운기) 총 10획
ノ ノ ㄷ 气 气 气 気 氧 氣 氣	
수중기(气)를 올려서 쌀(米)로 밥을 지어 먹으니 기운이 생겨요.	

| 氣力 기력 | ① 일을 감당(堪當)해 나갈 수 있는 정신(精神)과 육체(肉體)의 힘. ② 압착(壓搾)한 공기(空氣)의 힘, 또는 원기(元氣). (力 힘 력) |
| 氣分 기분 | ① 마음에 생기는 유쾌(愉快)·불쾌(不快)·우울(憂鬱) 따위의 주관적(主觀的)이고 단순(單純)한 감정(感情) 상태(狀態). ② 분위기(雰圍氣). (分 나눌 분) |

氣盡脈盡
기 진 맥 진

기운(氣運)이 없어지고 맥이 풀렸다는 뜻으로, 온몸의 힘이 다 빠져 버린 상태를 말해요.

기록 **기**	부수 : 言(말씀언) 총 10획
一 ニ 三 言 言 言 言 記 記	
말씀(言)을 바로잡아(己) 순서 있게 적는 게 기록이에요.	

| 記事 기사 | ① 사실(事實)을 적음, 또는 그런 글. ② 신문(新聞)이나 잡지(雜誌) 등(等)에 어떤 사실(事實)을 실어 알리는 글. (事 일 사) |
| 記錄 기록 | ① 사실(事實)을 적은 서류(書類), 또는 사실(事實)을 적음. ② 운동(運動) 경기(競技) 등(等)의 성적(成績). ③ 사료(史料)로서의 일기(日記) 등(等)과 같은 자료(資料). (錄 적을 록) |

記問之學
기 문 지 학

단순(單純)히 책을 외기만 하고 제대로 이해(理解)하지 못한 학문(學問)을 말해요.

旗	기 기	부수 : 方(모방) 총 14획
	`、 ｰ ｽ 方 方 方 方 𣃁 旃 旆 旌 旗`	
	사방으로 깃발(其)이 휘날리는 모양(㫃)을 나타내요. 무서운 호랑이나 곰, 글자 등으로 구성된 대장 깃발이 많아요.	

旗手 기수	① 기를 가지고 신호(信號)하는 일을 맡은 사람. ② 일반(一般) 행사(行事)나 군대(軍隊)에서 기를 들거나 받드는 사람. (手 손 수)
旗號 기호	① 기(旗)의 표장(標章). ② 기(旗)의 신호(信號). (號 이름 호)

旗

旗國主義
기 국 주 의

공해(公海) 상(上)의 배나 항공기(航空機)는 달고 있는 국기(國旗)가 표시(表示)하는 나라만이 관할권(管轄權)을 갖는다는 국제법(國際法) 상(上)의 일반(一般) 원칙(原則)을 말해요.

ㄴ

南	남녘 남	부수 : 十(열십) 총 9획
	`一 十 十 冂 内 内 内 南 南`	
	풀(十)이 있는 곳에 울타리(冂)를 치고 양(羊)을 기르는 좋은 땅이 남쪽이라는 뜻이에요.	

南北 남북	남쪽과 북쪽. (北 북녘 북)
江南 강남	강의 남쪽, 따뜻한 남쪽 나라. (江 강 강)

南

南男北女
남 남 북 녀

예전부터 우리나라에서 남쪽 지방(地方)은 남자(男子)가 잘나고, 북쪽 지방(地方)은 여자(女子)가 곱다는 뜻으로 일러 내려오는 말이에요.

사내 남	부수 : 田(밭전) 총 7획
丨 冂 冃 田 田 男 男	
밭(田)에서 힘(力)을 쓰는 사람이 남자였다고 해요.	

男兒 남아 — 사내 아이. (兒 아이 아)

男便 남편 — 아내의 배우자(配偶者). 혼인(婚姻)하여 사는 남자(男子)를, 그 아내를 기준(基準)으로 일컫는 말. (便 편할 편)

男 男 男

男兒須讀五車書
남아수독오거서

남자(男子)는 모름지기 다섯 수레에 실을 수 있을 만큼의 책을 읽어야 한다는 뜻이랍니다.

안 내, 들일 납	부수 : 入(들입) 총 4획
丨 冂 内 内	
어느 범위 안(冂)으로 들어간다(入)는 의미와 안쪽을 뜻하는 의미가 있어요.	

内側 내측 — 안쪽. 안으로 향한 부분(部分)이나 안에 있는 부분. (側 곁 측)

内容品 내용품 — 속에 들어 있는 물품(物品). (容 얼굴 용, 品 상품 품)

内 内 内

内剛外柔
내강외유

겉으로 보기에는 유순(柔順)하지만 속마음은 단단하고 굳세다는 뜻이에요. 같은 뜻을 가진 한자어로 外柔内剛(외유내강)이 있어요.

	여자 녀　　　　　　　　부수: 女(여자녀) 총 3획
	ㄑ ㄨ 女
	여자가 손을 가지런히 모으고 앉아 있는 모양을 본떠 만들었어요.

女子 여자	여성(女性). (子 아들 자)
子女 자녀	아들과 딸을 아울러 이르는 말. (子 아들 자)

男女老少 남 녀 노 소	남자(男子)와 여자(女子)와 늙은이와 젊은이, 곧 모든 사람을 일컬어요.

	해 년, 해 연　　　　　부수: 干(방패 간) 총 6획
	ノ ㅗ ㅗ ㄴ ㄷ 年
	벼(禾)가 자라서 수확을 하면 해가 지난다는 의미를 담고 있어요.

來年 내년	올해의 다음 해, 명년(明年). (來 올 래, 올 내)
每年 매년	매해, 하나하나의 모든 해. (每 매양 매)

百年大計 백 년 대 계	먼 앞날까지 내다보고 먼 뒷날까지 걸쳐 세우는 큰 계획(計劃)을 뜻해요.

농사 농

부수: 辰(별진) 총 13획

별(辰)이 떠 있는 새벽부터 밭(田, 曲은 田의 변형이에요.)에 나가서 일을 하니 농사를 짓는다는 뜻이 되지요.

農夫 농부 농사(農事)를 짓는 사람.
(夫 지아비 부)

農村 농촌 농토(農土)를 끼고 농사(農事)를 짓는 사람들이 사는 마을.
(村 마을 촌)

農不失時 농불실시 농사(農事) 짓는 일은 때를 놓치지 말아야 한다는 뜻을 담고 있어요.

대답 답

부수: 竹(대죽) 총 12획

종이가 없던 시대에 대나무(竹), 즉 죽간에 적혀 있는 문제에 사람(人)이 하나(一)뿐인 입(口)으로 말하는 게 대답이에요.

答信 답신 회답(回答)의 통신(通信)이나 서신(書信).
(信 믿을 신)

答案 답안 ① 시험(試驗) 문제(問題)의 해답(解答), 또는 해답(解答)을 쓴 종이.
(案 책상 안)

東問西答 동문서답 동쪽을 묻는 데 서쪽을 대답(對答)한다는 뜻으로, 묻는 말에 엉뚱한 대답(對答)을 하는 걸 뜻해요.

	큰 대	부수 : 大(큰대) 총 3획
	一ナ大	
	팔과 다리를 벌리고 서 있는 사람의 모양을 본떠 만들었어요.	

大學 대학	고등 교육을 베푸는 교육 기관으로 고등학교 졸업자 또는 이와 동등한 학력이 있다고 인정된 사람이 입학함. (學 배울 학)
最大 최대	가장 큼. (最 최고 최)

大器晩成
대 기 만 성

큰 그릇은 늦게 이루어진다는 뜻으로, 크게 될 인물(人物)은 오랜 공적(功績)을 쌓아 늦게 이루어진다는 것을 말해요.

	길 도	부수 : 辶(책받침) 총 13획
	丶丶䒑䒑䒑䒑首首首道道	
	사람 머리와 같이 사물의 끝에 있는 것(首)은 처음, 근거란 뜻을 나타내요. 그래서 한 줄로 쉬엄쉬엄 가는(辶) 길이니 도를 나타내지요.	

道理 도리	① 사람이 마땅히 행(行)해야 할 바른 길. ② 사물(事物)의 정당(正當)한 이치(理致). (理 다스릴 리(이))
道僧 도승	도(道)를 깨달은 승려(僧侶), 또는 도통한 승려(僧侶). (僧 중 승)

道學君子
도 학 군 자

도학(道學)을 닦아서 덕행(德行)이 높은 사람을 말해요.

	한가지 동	부수: 口(입구) 총6획
	丨 冂 冂 同 同	
	여러 사람(冂)의 말(口)이 하나(一)로 모인다는 뜻이 합하여 '같다'를 뜻해요.	

同伴 동반	① 데리고 함께 다님. ② 길을 같이 감. (伴 벗 반)
同業 동업	① 같은 종류(種類)의 직업(職業)이나 영업(營業). ② 영업(營業)을 두 사람 이상(以上)이 공동(共同)으로 경영(經營)함. (業 업 업)

  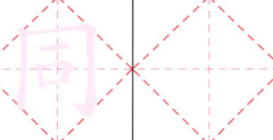 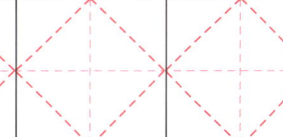

同名異人 동 명 이 인	이름은 같으나 사람이 다르거나 그러한 사람을 말하지요.

	겨울 동	부수: 冫(이수변) 총5획
	丿 ク 夂 冬 冬	
	고드름이나 얼음(冫)이 어는 마지막(夂) 계절이 바로 겨울이에요.	

冬眠 동면	일부(一部)의 동물(動物)이 겨울 동안 활동(活動)을 중지(中止)하고 땅속이나 물속에서 잠을 자듯이 의식(意識)이 없는 상태(狀態)로 지내는 일. 겨울잠. (眠 잠잘 면)
冬鳥 동조	겨울새. (鳥 새 조)

冬將軍 동 장 군	'겨울'의 딴이름. 인간(人間)이 대항(對抗)할 수 없을 만한 겨울의 위력(威力)을 인격화(人格化)하여 일컫는 말이에요.

	동녘 **동**　　　　　　부수: 木(나무목) 총8획
	一 丆 丙 亐 百 車 東 東
	나무(木) 사이로 아침 해(日)가 떠오르는 곳이니 바로 동쪽이지요.

東海 동해	한국(韓國) 동쪽의 바다. (海 바다 해)
東洋 동양	유라시아 대륙의 동부 지역. 아시아의 동부 및 남부를 이르는데 한국, 중국, 일본, 인도, 미얀마, 타이, 인도네시아 등이 있음. (洋 물 양)

 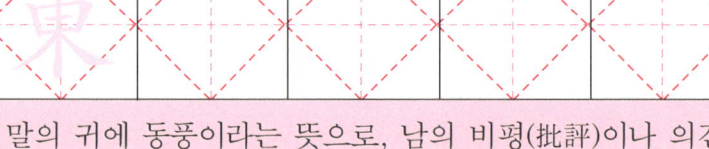

馬耳東風 마 이 동 풍	말의 귀에 동풍이라는 뜻으로, 남의 비평(批評)이나 의견(意見)을 조금도 귀담아 듣지 아니하고 흘려버림을 이르는 말이에요.

	마을 **동**, 밝을 **통**　　부수: 氵(삼수변) 총9획
	丶 氵 氵 汩 汩 洞 洞
	물(氵=水=氺)이 흐르는 곳에 여러 사람(冂)의 말(口)이 하나(一)로 모이니 마을이 돼요.

洞窟 동굴	깊고 넓은 굴. (窟 동굴 굴)
洞察 통찰	① 환히 내다봄. ② 꿰뚫어 봄. (察 살필 찰)

無虎洞中 무 호 동 중	범 없는 골에 이리가 범 노릇 한다는 뜻으로, 높은 사람이 없는 곳에서 보잘것없는 사람이 잘난 체함을 두고 이르는 말이에요.

움직일 **동**   부수: 力(힘력) 총 11획

丿 一 亍 千 宇 旨 듵 重 重 動 動

사람이 무거운 짐을 짊어지고(重) 힘(力)으로 들어 올리니 물건이 움직이겠죠.

動亂 동란   폭동(暴動), 전쟁(戰爭), 반란(叛亂) 등(等)으로 사회(社會)가 질서(秩序) 없이 소란(騷亂)해지는 일, 전란(戰亂). (亂 어지러울 란)

動作 동작   어떤 일을 하기 위(爲)해서 몸을 움직이는 일, 또는 그 움직임. (作 만들 작)

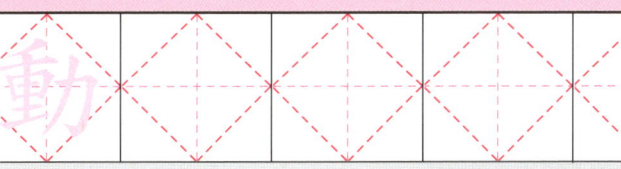

動天驚地 동천경지   하늘을 움직이게 하고 땅을 놀라게 한다는 뜻으로, 세상(世上)을 놀라게 함을 이르는 말이에요.

오를 **등**   부수: 癶(필발머리) 총 12획

丿 ㄱ 癶 癶 癶 癶 登 登 登

제사에 쓸 그릇(豆)을 발을 들어올려(癶) 높은 곳에 올려놓는다는 뜻이 합하여 오를 등이 됐어요.

登板 등판   야구(野球)에서, 투수(投手)가 마운드에 서는 일, 투수(投手)로서 출장(出場)하는 일. (板 널빤지 판)

登場 등장   소설(小說)·영화(映畫) 또는 무대(舞臺) 등에 나옴. 또는 무슨 일에 어떠한 사람이 나타나거나 새로운 제품(製品) 등이 세상(世上)에 처음으로 나옴. (場 마당 장)

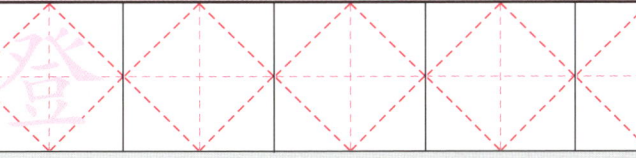

登高自卑 등고자비   '높은 곳에 올라가려면 낮은 곳에서부터 오른다'는 뜻으로, 일을 하는 데는 반드시 차례(次例)를 밟아야 한다는 것을 말해요. 천 리 길도 한 걸음부터라는 말도 있어요.

來	올 래(내)	부수 : 人(사람인) 총 8획
	一 𠂉 𠂆 𣥂 𣥁 來 來 來	
	보리의 모양을 나타낸 글자예요. 옛날 중국말에 '보리'와 '오다' 란 음이 같아서 빌려 썼다고 해요.	

來日 내일	오늘의 바로 다음날. 명일(明日), 명천(明天), 이튿날. (日 날 일)
未來 미래	아직 오지 않은 때. (未 아닐 미)

來 | 來 | 來 | | | | |

苦盡甘來 고 진 감 래
'쓴 것이 다하면 단 것이 온다' 라는 뜻으로, 고생(苦生) 끝에 낙이 온다는 뜻을 담고 있어요.

力	힘 력(역)	부수 : 力(힘력) 총 2획
	一 力	
	팔에 힘을 주었을 때 근육이 불거진 모양을 본떠 만들었어요.	

努力 노력	①힘을 씀, 힘을 다함. ②어떤 일을 이루기 위해 어려움이나 괴로움 등을 이겨내면서 애쓰거나 힘쓰는 것. (努 노력할 노)
體力 체력	①몸의 힘. ②몸의 작업(作業) 능력(能力). ③몸의 저항(抵抗) 능력(能力). (體 몸 체)

力 | 力 | 力 | | | | |

力拔山氣蓋世 역 발 산 기 개 세
산을 뽑고, 세상(世上)을 덮을 만한 기상(氣像), 또는 아주 뛰어난 기운(氣運)이나 놀라운 기상(氣像)을 일컫는 말이에요.

늙을 로(노)　　　부수: 老(늙을로) 총 6획

一 + 土 耂 耂 老

허리가 굽은 노인이 지팡이를 짚고 서 있는 모양을 본떠 만들었어요.

敬老 경로	노인(老人)을 공경(恭敬)함. (敬 공경 경)
老人 노인	나이가 많은 사람. 늙은이, 늙은 분. (人 사람 인)

百年偕老
백 년 해 로

부부(夫婦)가 서로 사이좋고 화평(和平)하고 즐겁게 같이 늙음을 이르는 말이에요.

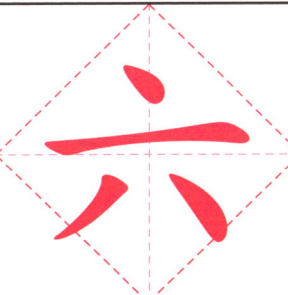

여섯 륙, 여섯 육　　　부수: 八(여덟팔) 총 4획

丶 一 亠 六

두 손의 세 손가락을 아래로 편 모양을 본떠 만들었어요.

六十 육십	예순. 열의 여섯 배가 되는 수(數). 또는 그런 수. (十 열 십)
六角 육각	북, 장구, 해금(奚琴), 피리 및 태평소 한 쌍의 총칭(總稱), 또는 여섯 개의 직선에 싸인 평면. (角 뿔 각)

三十六計
삼 십 육 계

형편(形便)이 불리(不利)할 때, 달아나는 일을 속되게 이르는 말이에요.

里	마을 리	부수: 里(마을리) 총 7획
	ㅣ 冂 曰 日 旦 甲 里	
	밭(田)이 있고 흙(土)이 있는 곳이니 마을이지요. 거리의 단위로도 사용해요.	

里長 이장	시골 동리에서 공중(公衆)의 일을 맡아보는 사람. (長 긴 장)
洞里 동리	① 마을. ② 지방(地方) 행정(行政) 구역(區域)인 동(洞)과 리(里)의 총칭(總稱). (洞 골 동)

一瀉千里 일 사 천 리	강물이 쏟아져 단번에 천리를 간다는 뜻으로, 조금도 거침없이 빨리 진행(進行)됨이나 문장(文章)이나 글이 명쾌(明快)함을 뜻해요.

林	수풀 림(임)	부수: 木(나무목) 총 8획
	一 十 才 才 木 朴 材 林	
	나무(木)와 나무(木)가 겹쳐 있으니 나무가 많은 숲을 뜻해요.	

林野 임야	나무가 무성(茂盛)한 들. (野 들 야)
松林 송림	소나무숲. (松 솔 송)

山林處士 산 림 처 사	벼슬이나 속세(俗世)를 떠나 산골이나 시골에 파묻혀 글 읽기를 즐기며 지내는 선비를 산림처사라 불러요.

설 **립(입)**   부수: 立(설립) 총 5획

丶 亠 亠 쳐 立

사람이 두 다리로 땅 위에 서 있는 모양을 본떠 만든 글자예요.

立春 입춘	대한과 우수(雨水) 사이에 있으며, 양력(陽曆) 2월 4일이나 5일이 됨. 이때부터 봄이 시작(始作)됨. (春 봄 춘)
自立 자립	① 스스로의 힘으로 생계(生計)를 유지(維持)함. ② 얽매임이 없이 스스로의 지위(地位)에 섬. (自 스스로 자)

立身揚名
입 신 양 명

사회적(社會的)으로 인정(認定)을 받고 출세(出世)하여 이름을 세상(世上)에 드날림이란 뜻으로 후세(後世)에 이름을 떨쳐 부모(父母)를 영광(榮光)되게 해 드린다는 뜻이에요.

일만 **만**   부수: ++(초두머리) 총 13획

一 十 卄 쓔 芇 苎 芇 莒 萬 萬 萬

옛날에는 숫자가 너무 많으면 일일이 쓸 수가 없었어요. 그래서 많다는 것을 표현해야 하는데 어떻게 할지 난감했지요. 어느 날 벌집을 보니 수많은 벌들이 모여 살고 있었어요. 그래서 일만 만은 벌의 모양을 본떠 숫자가 많다는 것을 표현했답니다. 더듬이와 전체 모양이 벌 같지 않나요?

千萬 천만	만의 천 배. (千 일천 천)
萬物 만물	세상(世上)에 있는 모든 것. (物 만물 물)

家和萬事成
가 화 만 사 성

집안이 화목(和睦)하면 모든 일이 잘 된다는 말이에요.

ㅁ

毎	매양 **매** 부수 : 毋(말무) 총 7획
	ノ 亠 𠂉 每 每 每 每
	어린아이(人)가 어머니(母)의 젖을 매번 먹는다는 뜻이 합하여 매양, 늘이라는 뜻이 돼요.

每月 매월	매달. 다달이. (月 달 월)
每日 매일	각각의 개별적인 나날. 일일(日日) (日 날 일)

父母出入每必起立
부 모 출 입 매 필 기 립

부모(父母)님께서 나가시거나 들어오시면 매양 반드시 일어나서 곧게 서야 한다는 뜻이에요.

面	낯 **면**, 고을 **면** 부수 : 面(낯면) 총 9획
	一 丆 丆 百 而 而 面 面 面
	사람의 얼굴을 정면에서 본 윤곽과 이마와 콧등을 나타내지요. 행정 구역 단위로도 사용돼요.

面談 면담	서로 만나서 이야기를 나눔. (談 말씀 담)
正面 정면	① 똑바로 마주 보이는 면. ② 에두르지 않고 직접(直接) 마주 대함. (正 바를 정)

四面楚歌
사 면 초 가

사방(四方)에서 들리는 초(楚)나라의 노래라는 뜻으로, 적에게 둘러싸인 상태(狀態)나 누구의 도움도 받을 수 없는 고립(孤立) 상태(狀態)에 빠짐을 이르는 말이에요.

名	이름 명	부수: 口(입구) 총6획
	ノクタタ名名	
	저녁(夕)이 되어 어둑어둑해지면 입(口)으로 자기 이름을 말해야 알 수 있어요.	

名分 명분	명목(名目)이 구별(區別)된 대로 그 사이에 반드시 지켜야 할 도리(道理)나 분수(分數). (分 나눌 분)
姓名 성명	성과 이름. (姓 성씨 성)

名	名 名						

虎死留皮人死留名 호 사 유 피 인 사 유 명	호랑이는 죽어서 가죽을 남기고, 사람은 죽어서 이름을 남긴다는 뜻으로, 사람은 죽어서 명예를 남겨야 함을 이르는 말이에요.

命	목숨 명	부수: 口(입구) 총8획
	ノ 人 亽 亼 合 合 命 命	
	입(口)으로 뜻을 전한다(令)는 뜻으로, 임금의 명령은 목숨과 같다는 뜻이에요.	

命令 명령	윗사람이 아랫사람에게 무엇을 하도록 시킴. (令 하여금 령(영))
生命 생명	① 목숨. ② 사물(事物)의 존립(存立)에 관계(關係)되는 중요(重要)한 것. (生 날 생)

命	命 命						

佳人薄命 가 인 박 명	아름다운 사람은 명이 짧다는 뜻으로, 여자(女子)의 용모(容貌)가 너무 아름다우면 운명(運命)이 기박(棋博)하고 명이 짧다는 것을 말해요. 미인박명(美人薄命)도 같은 뜻이랍니다.

어미 모
부수 : 母(말무) 총 5획

ㄴ ㄅ 毋 毋 母

어머니가 아이에게 젖을 먹이는 모양을 본떠 만들었어요.

母子 모자   어머니와 그 아들.
(子 아들 자)

父母 부모   어버이, 아버지와 어머니.
(父 아비 부)

 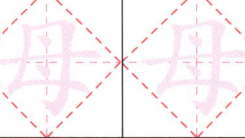

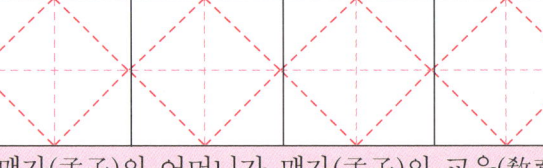

孟母三遷之敎
맹모삼천지교

맹자(孟子)의 어머니가 맹자(孟子)의 교육(敎育)을 위해 세 번이나 이사를 한 가르침이라는 뜻으로, 교육(敎育)에는 주위 환경(環境)이 중요(重要)하다는 가르침을 이르는 말이에요.

나무 목
부수 : 木(나무목) 총 4획

一 十 十 木

땅에 뿌리를 박고 서 있는 나무 모양을 본떠 만들었어요.

木工 목공   목수(木手), 나무를 다루어서 물건(物件)을 만들어 내는 일.
(工 장인 공)

草木 초목   풀과 나무.
(草 풀 초)

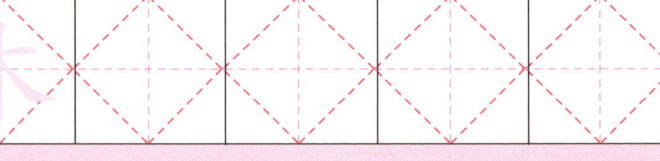

緣木求魚
연목구어

나무에 올라가서 물고기를 구한다는 뜻으로, 도저히 불가능한 일을 굳이 하려 함을 비유적으로 이르는 말이에요.

글월 문, 무늬 문　　부수: 文(글월문) 총 4획

丶 一 ナ 文

사람 몸에 ×모양의 무늬로 문신을 한 것을 본떠 만들었어요. 옛날에는 문신도 글자였다고 해요.

文治 문치	학문(學問)의 덕을 숭상(崇尙)하여 학문(學問)과 법령(法令)으로써 다스리는 정치(政治). (治 다스릴 치)
文化 문화	일정한 목적(目的) 또는 생활 이상을 실현하고자 사회(社會) 구성원(構成員)에 의하여 습득, 공유, 전달되는 행동 양식(樣式)이나 생활 양식(樣式)의 과정 및 그 과정에서 이룩하여 낸 물질적·정신적 소득을 통틀어 이르는 말. (化 될 화)

三人文殊 삼인문수 — 평범(平凡)한 인간(人間)이라도 세 사람이 모여서 의논(議論)하면, 지혜를 다스리는 문수보살(文殊菩薩)과 같은 좋은 생각이 떠오른다는 말이에요.

문 문　　부수: 門(문문) 총 8획

丨 冂 冂 冂 門 門 門 門

두 개의 문짝이 있는 문의 모양을 본떠 만든 글자로 문짝을 맞추어 닫는 출입구라는 뜻이 있어요.

窓門 창문	공기(空氣)나 빛이 들어올 수 있도록 벽에 만들어 놓은 작은 문(門). (窓 창 창)
專門 전문	어떤 분야에 상당한 지식과 경험을 가지고 오직 그 분야만 연구하거나 맡음. 또는 그 분야. (專 오직 전)

登龍門 등용문 — 용문(龍門)에 오른다는 뜻으로, 입신(立身) 출세(出世)의 관문(關門)을 이르는 말이에요.

물을 문   부수: 口(입구) 총 11획

丨 冂 冂 冂 冃 冃 門 門 門 問 問

대문(門) 앞에서 남의 안부를 묻거나(口) 죄인에게 따져 물으니 묻는 것을 나타내지요.

問安 문안	웃어른에게 안부(安否)를 여쭘. (安 편안 안)
問項 문항	묻는 항목(項目). (項 항목 항)

問

東問西答 동문서답 — 동쪽을 묻는 데 서쪽을 대답(對答)한다는 뜻으로, 묻는 말에 대(對)하여 전혀 엉뚱한 대답(對答)을 할 때를 말해요. 같은 뜻을 가진 한자어(유의어)로 問東答西(문동답서)가 있어요.

물건 물, 만물 물   부수: 牛(소우) 총 8획

丿 一 ㅓ 牛 牜 物 物 物

옛날부터 소(牛)는 중요한 재물이었어요. 그래서 깃발(勿)을 휘날릴 만큼 소중한 물건이었다고 해요.

物價 물가	① 물건값. ② 상품(商品)의 시장 가격. (價 값 가)
植物 식물	온갖 나무와 풀의 총칭(總稱). 반대어로 動物(동물). (植 심을 식)

物

見物生心 견물생심 — 물건(物件)을 보면 욕심(慾心)이 생긴다는 뜻이에요. 그래서 옛 선인들이 이를 경계하라 일렀어요.

백성 **민** 부수: 氏(각시씨) 총 5획

フ コ P F 民

옛날에는 글자를 익히는 사람이 많지 않아서 대부분의 백성이 글자를 모르는 까막눈이었어요. 그래서 눈이 보이지 않아 무지하며, 교육을 받지 않은 일반 사람을 백성이라 했어요.

| 國民 국민 | 한 나라의 통치권(統治權) 아래에 그 나라의 국적(國籍)을 가지고 있는 사람. **(國 나라 국)** |
| 住民 주민 | 그 땅에 사는 백성(百姓). **(住 주거 주)** |

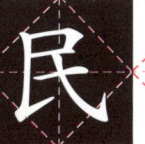

大韓民國
대 한 민 국

아시아 대륙 동쪽에 있는 한반도와 그 부속 도서(島嶼)로 이루어진 공화국(共和國)으로 수도(首都)는 서울특별시예요. 서울이라고도 해요.

모 **방**, 본뜰 **방**, 괴물 **망** 부수: 方(모방) 총 4획

丶 一 宁 方

양쪽에 손잡이가 달린 쟁기의 모양을 본떠 만들었어요.

| 方法 방법 | ① 일이나 연구(研究) 등을 해 나가는 길이나 수단(手段). ② 일정(一定)한 목적(目的)을 이루기 위하여 취하는 솜씨. **(法 법 법)** |
| 四方 사방 | 방위(方位). 곧 동(東), 서(西), 남(南), 북(北)의 총칭(總稱). **(四 넉 사)** |

八方美人
팔 방 미 인

① 아름다운 미인(美人). ② 누구에게나 두루 곱게 보이는 방법(方法)으로 처세(處世)하는 사람. ③ 여러 방면(方面)의 일에 능통(能通)한 사람. ④ 아무 일에나 조금씩 손대는 사람 등을 말해요.

ㅂ

흰 백　　　　　　　　부수: 白(흰백) 총 5획

丶 亻 白 白 白

햇빛(日)에서 햇살이 쏟아지는 모습을 본뜬 글자로 밝고 희다는 뜻을 담고 있어요.

明白 명백　의심(疑心)할 것 없이 아주 뚜렷하고 환함.
(明 밝을 명)

告白 고백　숨긴 일이나 생각한 바를 사실(事實)대로 솔직(率直)하게 말함.
(告 알릴 고)

白骨難忘
백 골 난 망
죽어도 잊지 못할 큰 은혜(恩惠)를 입음이란 뜻으로, 남에게 큰 은혜나 덕을 입었을 때 고마움을 표시(表示)하는 말이에요.

일백 백　　　　　　　부수: 白(흰백) 총 6획

一 丆 丆 百 百 百

하나(一)부터 100까지 숫자를 세어서 밝게(白)한다는 뜻을 담아 백을 나타내요.

百勝 백승　언제든지 이김.
(勝 이길 승)

百分 백분　어떤 수를 백으로 나눔.
(分 나눌 분)

百害無益
백 해 무 익
해(害)롭기만 하고 하나도 이로울 것이 없을 때 사용하는 말이에요.

아비 부

부수 : 父(아비부) 총 4획

' ハ グ 父

회초리를 손에 들고 자식을 훈계하는 엄한 사람이 바로 아버지예요.

| 父女 부녀 | 아버지와 그 딸. (女 여자 녀) |
| 父子 부자 | 아버지와 아들. (子 아들 자) |

父傳子傳
부 전 자 전

아들의 성격이나 생활 습관 따위가 아버지로부터 대물림 된 것처럼 같거나 비슷함을 말해요.

지아비 부

부수 : 大(큰대) 총 4획

一 二 * 夫

머리에 상투를 튼(一) 큰 사람(大)이 바로 대장부이고 남편 이지요.

| 夫婦 부부 | 남편(男便)과 아내. (婦 아내 부) |
| 工夫 공부 | 학문(學問)이나 기술(技術)을 닦는 일. (工 장인 공) |

夫唱婦隨
부 창 부 수

남편(男便)이 주장(主將)하고 아내가 이에 따름. 가정(家庭)에서의 부부(夫婦) 화합(和合)의 도리(道理)를 이르는 말이에요.

북녘 북, 달아날 배
부수: 匕(비수비) 총 5획

丨 ㅓ ㅓ ㅓ˙ 北

북쪽은 춥기 때문에 사람들이 등지고 앉아요. 그래서 사람들이 서로 등지고 있는 모양이고, 배신(背)하다는 뜻도 있어요.

南北 남북	남쪽과 북쪽. (南 남녘 남)
敗北 패배	싸움에 져서 도망(逃亡)함. (敗 패할 패)

 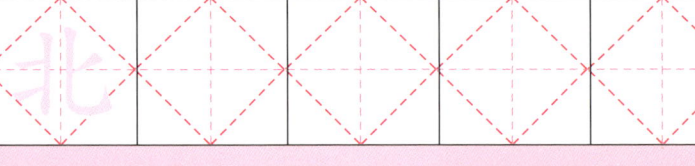

北風寒雪 북풍한설 — 북쪽에서 불어오는 된바람과 차가운 눈을 일컬어요.

아니 불, 아닐 부
부수: 一(한일) 총 4획

一 ㄱ 不 不

새가 날아 올라가서 내려오지 않음을 본떠 만든 글자예요.

不幸 불행	① 행복(幸福)하지 못함. ② 일이 순조(順調)롭지 못하고 탈이 많음. (幸 행복 행)
不足 부족	① 필요(必要)한 양이나 한계(限界)에 미치지 못하고 모자람. 넉넉하지 못함. ② 만족(滿足)하지 않음. 마음에 차지 않음. (足 발 족)

 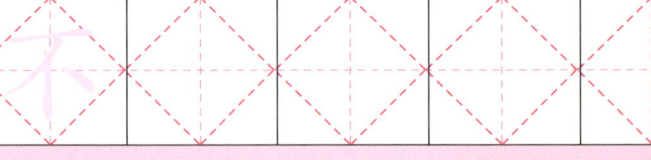

過猶不及 과유불급 — 모든 사물(事物)이 정도(程度)를 지나치면 미치지 못한 것과 같다는 뜻으로, 중용(中庸)이 중요(重要)하다는 것을 말하고 있어요.

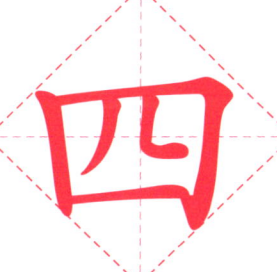

넉 사 　　　부수: 口(큰입구몸) 총 5획

丨 冂 冂 四 四

에워싼 부분을 사방으로 나눈다는 말이에요. 나라(口)를 사방으로 나누면 네 개가 되지요. 옛날엔 숫자를 나타낼 때 가로 장대 네 개를 사용했는데 三(삼)과 혼동되기 쉬워서 전국시대 무렵부터 四(사)를 빌려 썼다고 해요.

| 四方 사방 | 동(東), 서(西), 남(南), 북(北)의 방위를 통틀어 이르는 말. (方 모 방) |
| 四書 사서 | 중국(中國)의 고전(古典) 중 『논어(論語)』, 『맹자(孟子)』, 『중용(中庸)』, 『대학(大學)』을 이르는 말. (書 글 서) |

文房四友 문방사우 　서재(書齋)에 꼭 있어야 할 네 벗, 즉 종이, 붓, 벼루, 먹을 말해요.

일 사 　　　부수: 亅(갈고리궐) 총 8획

一 一 一 戸 百 亘 写 事

깃발을 단 깃대를 손으로 세우고 있는 모양을 본떠 만든 글자로 역사의 기록을 일삼아 한다고 해서 일을 뜻해요.

| 事典 사전 | 여러 가지 사항(事項)을 모아 일정한 순서로 배열하고 그 각각에 해설(解說)을 붙인 책(册). (典 법 전) |
| 事後 사후 | 일이 끝난 뒤나 일을 끝낸 뒤. (後 뒤 후) |

事必歸正 사필귀정 　처음에는 시비(是非) 곡직(曲直)을 가리지 못하여 그릇되더라도 모든 일은 결국에 가서는 반드시 정리(正理), 즉 바른 도리로 돌아감을 뜻해요.

山	메 산	부수 : 山(뫼산) 총 3획
	ㅣ 凵 山	
	산봉우리가 뾰족뾰족하게 이어지는 모양을 본떠 만들었어요.	

山羊 산양	솟과의 포유류로 천연기념물 제217호이며, 식물의 잎과 연한 줄기를 먹고 바위 구멍에 보금자리를 만듦. (羊 양 양)
山中 산중	산의 가운데, 또는 높은 산이 있거나 산이 많은 곳. (中 가운데 중)

山 山 山

他山之石 타 산 지 석 — 다른 산의 나쁜 돌이라도 자신의 산의 옥돌을 가는 데에 쓸 수 있다는 뜻으로, 본이 되지 않은 남의 말이나 행동(行動)도 자신의 지식(知識)과 인격(人格)을 수양(修養)하는 데에 도움이 될 수 있음을 비유적으로 이르는 말이에요.

算	셈 산, 셀 산	부수 : 竹(대죽) 총 14획
	⺮ ⺮ 竺 筲 筲 筲 算 算	
	대나무(竹)를 갖추어(具)서 손으로 헤아려 센다는 뜻이 합하여 셈하다가 돼요.	

算法 산법	계산하는 방법. '여러 가지 셈하는 법'의 총칭. (法 법 법)
算出 산출	어떤 수치(數値)를 계산(計算)하여 냄. (出 날 출)

算 算 算

算無遺策 산 무 유 책 — 계책(計策)에 빈틈이 조금도 없음을 말해요.

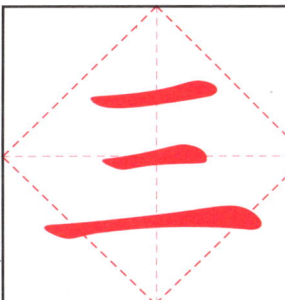

석 삼 부수: 一(한일) 총 3획

一 二 三

세 손가락을 옆으로 펴거나 나무젓가락 셋을 옆으로 뉘어 놓은 모양이에요.

| 三國 삼국 | 세 나라, 우리나라의 신라(新羅), 백제(百濟), 고구려(高句麗)를 말함. (國 나라 국) |
| 三足烏 삼족오 | 중국(中國) 고대(古代) 신화(神話)에 나오는 해 속에서 산다는 세 발 가진 까마귀. (足 다리 족, 烏 까마귀 오) |

朝三暮四 조삼모사 — 아침에 세 개, 저녁에 네 개라는 뜻으로, 당장 눈앞에 나타나는 차별(差別)만을 알고 그 결과(結果)가 같음을 모른다는 비유로 간사한 꾀로 남을 속여 희롱함을 이르는 말이에요.

윗 상 부수: 一(한일) 총 3획

丨 卜 上

기준선(一)보다 높은 위치에 물건(卜)이 있으니 위가 되지요.

| 上京 상경 | 시골에서 서울로 올라옴. (京 서울 경) |
| 上下 상하 | ① 위와 아래. ② 윗사람과 아랫사람. ③ 높고 낮음. ④ 귀함과 천함. (下 아래 하) |

沙上樓閣 사상누각 — 모래 위에 세운 다락집이라는 뜻으로, 기초(基礎)가 약하여 무너질 염려(念慮)가 있을 때나 실현(實現) 불가능한 일을 두고 이르는 말이에요.

色	빛 색	부수 : 色(빛색) 총 6획
	ノ ク ク 九 各 色	
	사람(人)의 마음과 안색은 무릎을 꿇은 모양(卩=巴)과 일치한다는 데서 '안색', '빛깔'을 뜻해요.	

色感 색감	빛깔에서 받는 느낌, 또는 색채(色彩)의 감각(感覺). (感 느낄 감)
色紙 색지	색종이. 여러 가지 색깔로 물들인 종이. (紙 종이 지)

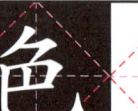  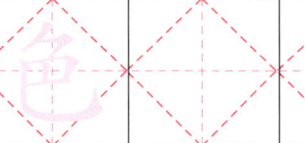 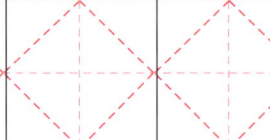

色如削瓜 색 여 삭 과	안색(顔色)이 깎은 오이와 같이 창백(蒼白)함을 이르는 말이에요.

生	날 생, 태어날 생	부수 : 生(날생) 총 5획
	ノ 一 ㅗ 生 生	
	풀(十)이 땅(土) 위에서 돋아나거나 싹트는 모양으로 '생기다', '태어나다'를 나타내요.	

先生 선생	학생(學生)을 가르치는 사람. (先 먼저 선)
學生 학생	배우는 사람, 학교(學校)에 다니면서 공부(工夫)하는 사람. (學 배울 학)

九死一生 구 사 일 생	아홉 번 죽을 뻔하다 한 번 살아난다는 뜻으로, 죽을 고비를 여러 차례 넘기고 겨우 살아남을 이르는 말이에요.

서녘 서

부수: 襾(덮을아) 총 6획

一 丁 丙 丙 丙 西 西

옛날에는 해를 세 발 까마귀라고 생각했어요. 해는 동쪽에서 떠서 서쪽으로 지잖아요. 그래서 새(세 발 까마귀)가 둥지에 내려앉은 모양을 본뜬 거예요.

西向 서향 (向 향할 향)	① 서쪽으로 향함. 서쪽을 향(向)하고 있음. ② 서쪽 방향(方向).
西海 서해 (海 바다 해)	서쪽에 있는 바다.

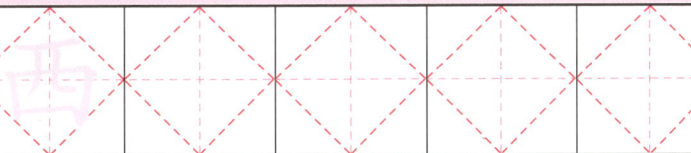

紅東白西 홍동백서 — 제사상을 차릴 때에 붉은 과실은 동쪽에 흰 과실은 서쪽에 놓는 일을 말해요.

저녁 석

부수: 夕(저녁석) 총 3획

丿 ク 夕

달 월(月)에서 한 획을 줄여서 저녁을 나타내요.

秋夕 추석 (秋 가을 추)	우리나라 명절(名節)의 하나, 음력(陰曆) 8월 보름. 중추절(中秋節), 한가위.
夕刊 석간 (刊 새길 간)	저녁에 발행(發行)된 신문(新聞).

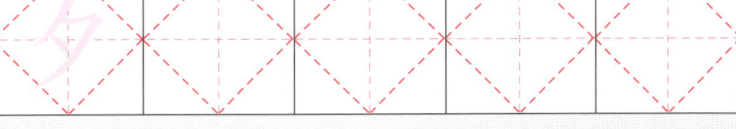

朝變夕改 조변석개 — 아침, 저녁으로 뜯어고친다는 뜻으로, 계획(計劃)이나 결정(決定) 따위를 자주 바꾸는 것을 말해요.

먼저 선
부수 : 儿(어진사람인발) 총 6획

丿 ⺍ 土 生 牛 先

소(牛)와 어진사람이(儿)이 걸어갈 때는 소가 먼저 가요.

先祖 선조	할아버지 이상의 조상(祖上). (祖 조상 조)
先生 선생	①학생을 가르치는 사람. ②자기보다 학식이 높은 사람을 높이어 일컫는 말. (生 날 생)

先 先 先

先見之明
선 견 지 명

앞을 내다보는 안목(眼目)이라는 뜻으로, 어떤 일이 일어나기 전에 미리 앞을 내다보고 아는 지혜(智慧)를 말해요.

성 성
부수 : 女(여자녀) 총 8획

ㄑ 女 女 女 ⼥ 姓 姓

여자(女)에게 태어난(生) 같은 혈족에게 성이 부여되는 거랍니다.

姓名 성명	성과 이름. (名 이름 명)
百姓 백성	나라의 근본을 이루는 일반(一般) 국민(國民). (百 일백 백)

姓 姓 姓

同姓同本
동 성 동 본

성(姓)도 같고 본(本)도 같다는 뜻으로 쓰이는 말이에요.

인간 세, 대 세   부수: 一(한 일) 총 5획

一 十 丗 丗 世

세 개의 십(十)을 이어서 삼십 년을 뜻하며, 삼십 년을 한 세대라고 해요.

世上 세상	① 사람이 살고 있는 모든 사회(社會)를 통틀어 이르는 말. ② 한 사람이 태어나서 죽을 때까지의 동안. (上 윗 상)
世代 세대	① 여러 대. ② 같은 시대에 태어나 공통된 사고방식과 감각을 지니고 있는 사람들. (代 대신할 대)

世上萬事 세 상 만 사 — 세상(世上)에서 일어나는 모든 일을 말해요.

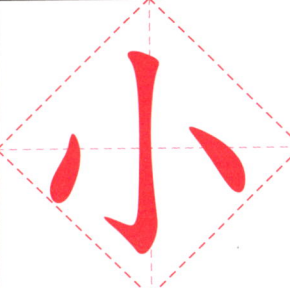

작을 소   부수: 小(작을 소) 총 3획

亅 小 小

한가운데의 갈고리(亅)를 중심으로 물건을 작게 나누다의 뜻을 가지고 있어요.

小人 소인	나이 어린 사람, 또는 몸집이 몹시 작은 사람. (人 사람 인)
小作 소작	지주에게서 땅을 빌어 소작료를 치르고 그 땅을 직접 경작하여 농사를 지음. (作 지을 작)

小貪大失 소 탐 대 실 — 작은 것을 탐하다가 오히려 큰 것을 잃음을 말해요.

적을 **소** 부수: 小(작을소) 총 4획

丿 亅 小 少

작은(小) 물체의 일부분이 떨어져 나가 적어지는 모양을 본떠 만들었으며, '적다' 를 뜻해요.

| 少女 소녀 | 완전(完全)히 성숙(成熟)하지 않고 아주 어리지도 않은 여자(女子) 아이. (女 여자 녀) |
| 少年 소년 | 완전(完全)히 성숙(成熟)하지 않고 아주 어리지도 않은 사내 아이. (年 해 년) |

少年易老學難成
소 년 이 로 학 난 성

소년(少年)은 늙기 쉬우나 학문(學問)을 이루기는 어렵다는 말로 세월은 빠르고 일은 이루기 어렵다는 것을 나타낼 때 사용해요.

바 **소** 부수: 戶(지게호) 총 8획

丶 亅 亅 ㄹ 戶 戶 所 所 所

도끼(斤)로 찍은 그 곳이라는 뜻이 합하여 '곳' 을 뜻해요.

| 所感 소감 | 특별(特別)한 일, 특히 기쁜 일이나 뜻깊은 일을 겪고 난 뒤 마음에 느낀 바 또는, 느낀 바의 생각. (感 느낄 감) |
| 所任 소임 | ①맡은 바 직책. ②마을이나 작은 단체의 아래 등급의 임원. (任 맡길 임) |

所願成就
소 원 성 취

원하던 바를 이루거나 이루어 내는 것을 말해요.

	물 수	부수 : 水(물수) 총 4획
	ㅣ ㅓ 氺 水	
	시냇물이 흐르고 있는 모양을 본떠 만든 글자로 물을 뜻해요.	

水中 수중	물속. (中 가운데 중)
山水 산수	산과 물, 곧 '자연(自然)의 산천(山川)'을 일컫는 말. (山 뫼 산)

水	  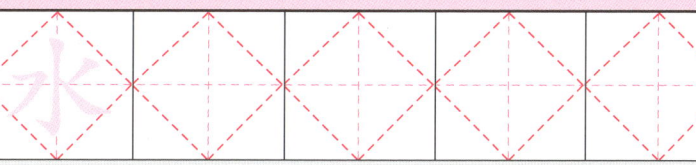

水魚之交 수 어 지 교	물과 물고기의 사귐이란 뜻으로, 아주 친밀하여 떨어질 수 없는 사이를 비유적으로 이르는 말이에요.

	손 수	부수 : 手(손수) 총 4획
	ㅡ ㅡ 三 手	
	다섯 손가락을 편 모양을 본떠 만든 글자예요.	

手動 수동	손으로 움직임. (動 움직일 동)
手才 수재	학문(學問), 지능(知能)이 뛰어난 사람. (才 재주 재)

手	 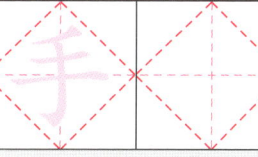 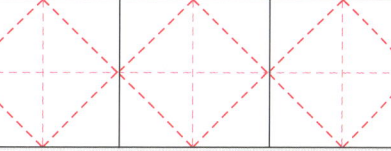

手足之愛 수 족 지 애	손과 발의 사랑이라는 뜻으로, 손발 같은 형제간의 우애(友愛)를 비유하여 이르는 말이에요.

數	셈 수, 자주 삭　　　부수: 攵(등글월문) 총 15획
	口 甲 田 昌 昌 曲 婁 婁 婁 數 數
	여자(女子)가 머리 위에 물건을 넣은 자루(婁)를 이어 나르는 일을 하면(攵)서 손으로 셈을 했으니 숫자를 세다를 나타내요.

數量 수량	수효(數爻)와 분량(分量). (量 헤아릴 량)
數學 수학	수(數), 양(量) 및 공간(空間)의 도형(圖形)에 있어서의 여러 관계(關係)에 관(關)하여 연구(硏究)하는 학문(學問). 산수(算數). (學 배울 학)

數　數　數　|　|　|　|　|　|

數間草屋
수 간 초 옥　　몇 간 되지 않는 매우 작은 초가, 즉 오두막집을 뜻해요.

市	저자 시　　　부수: 巾(수건건) 총 5획
	丶 亠 ナ 市 市
	옷(巾)을 차려 입고 장보러 간다(之)는 뜻을 합하여 저잣거리, 시장을 나타내요.

市場 시장	도회지(都會地)에서 날마다 서는 물건(物件)을 사고파는 곳. 일용품(日用品), 식료품(食料品) 따위를 한곳에 모아 파는 곳. (場 마당 장)
市廳 시청	시(市)의 행정(行政) 사무(事務)를 맡아보는 기관, 또는 그 청사(廳舍). (廳 관청 청)

市　市　市　|　|　|　|　|　|

市虎三傳
시 호 삼 전　　사실(事實)이 아닌 것이라도 많은 사람들이 말을 하면 듣는 사람도 언젠가는 진실로 믿고 따르게 된다는 말이에요. 즉, 거짓말도 반복하면 진실이 된다는 뜻이니 삼가야 해요.

時

때 시   부수: 日(날 일) 총 10획

丨 冂 日 日 日⁻ 日⁺ 日𠂇 日𠂇 時 時

태양(日)이 일정한 규칙(寺)에 의해 움직이니 때를 나타내지요.

時空 시공	시간(時間)과 공간(空間). (空 빌 공)
時間 시간	어떤 시각(時刻)에서 어떤 시각(時刻)까지의 사이. (間 사이 간)

時

時機尚早 시기상조: 오히려 때가 이르다는 뜻으로, 아직 때가 되지 않음을 이르는 말이에요.

食

밥 식, 먹이 사   부수: 食(밥 식) 총 9획

人 人 今 今 슥 食 食

사람(人)이 살아가기 위해 좋아하며(良) 즐겨먹는 음식이 바로 '밥'이에요.

食口 식구	한 집안에서 같이 살면서 끼니를 함께 먹는 사람. (口 입 구)
食後 식후	식사(食事)를 마친 뒤. (後 뒤 후)

食

東家食西家宿 동가식서가숙: 동쪽 집에서 먹고 서쪽 집에서 잔다는 뜻으로 먹을 곳, 잘 곳이 없어 떠돌아다니며 이집 저집에서 얻어먹고 지내는 일, 또는 그러한 사람을 비유해서 이르는 말이에요.

심을 **식**

부수 : 木(나무 목) 총 12획

一 十 才 木 朾 朾 杧 桔 桔 植 植 植

나무(木)를 곧게(直) 세워 땅에 심는다는 뜻이에요.

植木 식목	나무를 심음. (木 나무 목)
植木日 식목일	나무를 아껴 가꾸고 많이 심기를 권장(勸獎)할 목적(目的)으로 제정(制定)된 날. (木 나무 목, 日 날 일)

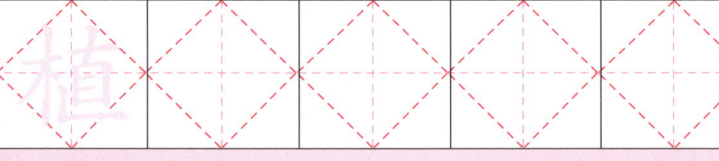

孤根弱植 고근약식 : 일가(一家) 친척(親戚)이나 뒤에서 지원(支援)해 주는 사람이 거의 없는 외로운 사람을 비유해서 이르는 말이에요.

집 **실**

부수 : 宀(갓머리) 총 9획

丶 丶 宀 宀 宀 宝 室 室 室

사람이 이르러(至) 사는 집(宀)이라는 뜻이 합하여 만들어졌어요.

室內 실내	방안. (內 안 내)
敎室 교실	유치원, 초등학교, 중·고등학교에서 학습 활동이 이루어지는 방. (敎 가르칠 교)

高臺廣室 고대광실 : 높은 누대(樓臺)와 넓은 집이라는 뜻으로, 매우 크고 좋은 집을 이르는 말이에요.

마음 심　　　부수 : 心(마음심) 총 4획

丶心心心

사람의 심장 모양을 본떠 만들었으니 마음을 나타내요.

心志 심지	마음에 품은 뜻. (志 뜻 지)
心神 심신	마음과 정신(精神). (神 귀신 신)

心機一轉
심 기 일 전

어떠한 동기(動機)에 의하여 이제까지 먹었던 마음을 완전히 바꾸는 것을 심기일전이라 해요.

열 십　　　부수 : 十(열십) 총 2획

一十

옛날에는 한 묶음이 열 개였어요. 그래서 열 개를 끈으로 묶었다는 말이에요.

六十 육십	예순. 열의 여섯 배가 되는 수(數). (六 여섯 육)
十萬 십만	만의 열 배 되는 수. (萬 일만 만)

十中八九
십 중 팔 구

열 가운데 여덟이나 아홉 정도로 거의 대부분이거나 거의 틀림없음을 말해요.

安	편안할 안　　　　　　부수 : 宀(갓머리) 총 6획
	丶 丶 宀 宀 安 安
	집 안(宀)에 여자(女)가 있으니 편안하다고 생각했대요.

安定 안정	일이나 마음이 평안(平安)하게 정(定)하여짐. 흔들리지 않고 안전(安全)하게 자리가 잡힘. (定 정할 정)
安寧 안녕	걱정이나 탈이 없음. 또는 몸이 건강(健康)하고 마음이 편안(便安)함. (寧 안녕 녕)

安	安	安					

安分知足 안분지족	자기(自己) 분수(分數)에 만족(滿足)하여 다른 데 마음을 두지 않고 편안하게 지낸다는 뜻이에요.

語	말씀 어　　　　　　부수 : 言(말씀언) 총 14획
	丶 亠 亠 亠 言 言 言 訂 訝 語 語 語 語
	서로 말(言)을 주고받으며(吾) 이야기하니 말씀이 되지요.

語感 어감	말소리 또는 말투의 차이(差異)에 따라 말이 주는 느낌. (感 느낄 감)
語錄 어록	훌륭한 학자(學者)나 지도자(指導者)들이 한 말을 간추려 모은 기록(記錄). (錄 적을 록)

語	語	語					

語不成說 어불성설	말이 하나의 일관(一貫)된 논의(論議)로 되지 못함. 즉, 말이 이치(理致)에 맞지 않음을 뜻해요.

然

그럴 연, 불탈 연   부수: 灬(연화발) 총 12획

ク 夕 夕 然 然 然 然

개(犬) 고기(月=肉)를 불(火)에 구워 먹어야 하는 것은 당연하다는 뜻이에요.

然則 연즉	그런즉, 그러면. (則 곧 즉, 법칙 칙)
然後 연후	그러한 뒤. (後 뒤 후)

然後之事 연후지사
끝난 뒤의 일, 또는 그런 뒤의 일을 말해요.

五

다섯 오   부수: 二(두이) 총 4획

一 丁 五 五

하늘(一)과 땅(一) 사이에 음양이 조화되는 기본원리가 교차(✗)되어 있다는 말이에요. 옛날 사람들은 그걸 오행(五行)이라고 했어요. 오행은 불, 물, 나무, 쇠, 흙 다섯 가지를 말해요. 그래서 다섯 오가 된 거지요.

五倫 오륜	사람이 지켜야 할 다섯 가지의 떳떳한 도리(道理). (倫 인륜 륜)
五月 오월	한 해 가운데 다섯째 달. (月 달 월)

五十步百步 오십보백보
'오십(五十) 보(步) 도망한 자가 백(百) 보(步) 도망한 자(者)를 비웃는다'라는 뜻으로, 조금 낫고 못한 정도의 차이는 있지만 본질적으로 차이가 없음을 말해요.

낮 오, 일곱째 지지 오   부수: 十(열십) 총 4획

丿 亠 느 午

똑바로 세운 절굿공이 막대를 꽂아 한낮임을 알았다는 데서 낮을 뜻해요. 십이지의 일곱째 글자이기도 하지요.

午前 오전   자정으로부터 낮 열두 시까지의 동안.
(前 앞 전)

午睡 오수   낮잠. 낮에 자는 잠.
(睡 졸음 수)

午後閑良
오 후 한 량

배가 출출한 즈음에 함부로 먹어대는 행동을 말해요.

임금 왕   부수: 王(구슬옥변) 총 4획

一 二 千 王

하늘(一)과 땅(一)과 사람(一)을 두루 꿰뚫어(丨) 다스리는 지배자를 '왕'이라 불렀어요.

王族 왕족   임금의 일가(一家).
(族 겨레 족)

女王 여왕   여자(女子) 임금.
(女 여자 녀)

王公大人
왕 공 대 인

신분(身分)이 아주 높은 귀족(貴族)을 이르는 말이에요.

밖 외 — 부수 : 夕(저녁석) 총 5획

丿 ㄅ 夕 夘 外

저녁 석(夕)과 점(卜)이 붙은 글자에요. 옛날 중국 사람들은 전쟁을 자주 했어요. 전쟁터에 나가면 적군이나 짐승이 공격할까 두려워서 저녁에는 점을 쳤다고 해요. 전쟁 때문에 밖에서 자야 했기 때문에 이러한 글자가 생겼어요.

海外 해외 — '바다 밖의 다른 나라' 라는 뜻으로 '외국(外國)'을 일컫는 말.
(海 바다 해)

外交 외교 — 일을 하기 위(爲)하여 밖의 사람과 교제(交際)함.
(交 사귈 교)

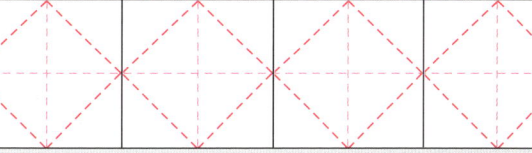

內柔外剛 내유외강 — 속은 부드러우나 겉으로는 강하고 굳센 사람을 말해요.

오른쪽 우 — 부수 : 口(입구) 총 5획

丿 ナ ナ 右 右

식사할 때 밥을 먹는(口) 손(又)이니 바로 오른쪽을 나타내요.

右側 우측 — 오른쪽.
(側 곁 측)

右舷 우현 — 오른쪽의 뱃전.
(舷 뱃전 현)

左之右之 좌지우지 — 왼쪽으로 돌렸다 오른쪽으로 돌렸다 한다는 뜻으로, 사람이 어떤 일이나 대상(對象)을 제 마음대로 처리(處理)하거나 다루는 것을 말해요.

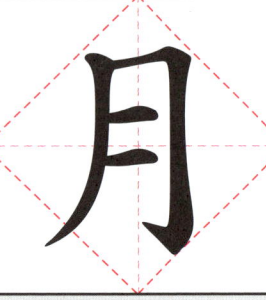	달 월　　　　　　　　부수: 月(달월) 총 4획
	ノ 几 月 月
	차고 이지러짐이 있는 달의 모양을 표현한 글자예요. 달 속에서 옥토끼 두 마리가 방아를 찧는 모습이라고도 하지요.

月光 월광	달빛. 달에서 비쳐 오는 빛. (光 빛 광)
日月 일월	해와 달. (日 날 일)

日就月將 일취월장　날마다 달마다 성장(成長)하고 발전(發展)한다는 뜻으로, 학업(學業)이 날이 가고 달이 갈수록 진보(進步)함을 나타내는 말이에요.

	있을 유　　　　　　　　부수: 月(달월) 총 6획
	ノ ナ 才 冇 有 有
	손(又)에 고기(肉=月)를 가지고 있으니 뭔가가 있다는 것을 뜻해요.

有功 유공	공로(功勞)가 있음. (功 공로 공)
有害 유해	해가 있음. 해로움. (害 해칠 해)

有口無言 유구무언　입은 있어도 말은 없다는 뜻으로, 변명(辨明)할 말이 없거나 변명을 못함을 이르는 말이에요.

育

기를 육   부수 : 月(육달월) 총 8획

丶 亠 云 云 产 育 育 育

갓난아이를 잘 보살피고 기르(月=肉)니 기를 육이 돼요.

育成 육성	어떤 종류(種類)나 무리의 사람을 가르쳐서 기르거나 어떤 품종(品種)의 동물(動物)이나 식물(植物)을 길러 자라게 하는 것. (成 이룰 성)
育兒 육아	어린아이를 기름. (兒 아이 아)

 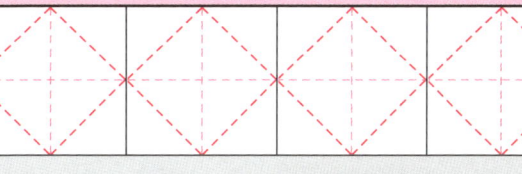

父生我身母育吾身
부 생 아 신 모 육 오 신

아버지는 내 몸을 낳으시고 어머니는 내 몸을 기르셨다는 사자소학의 첫 구절이랍니다.

邑

고을 읍   부수 : 邑(고을읍) 총 7획

丨 口 口 吕 무 吕 邑

나라(口)에는 크고 작은 고을들이 많아요.

邑圖 읍도	한 읍의 지도(地圖). (圖 그림 도)
邑民 읍민	읍내(邑內)에 사는 사람. (民 백성 민)

 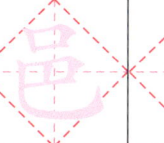 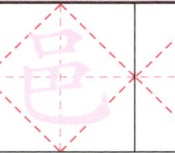

邑各不同
읍 각 부 동

읍(邑)마다 규칙(規則)이나 풍속(風俗)이 같지 아니하다는 뜻으로, 사람마다 의견(意見)이 서로 같지 않음을 이르는 말이에요.

二	두 이	부수 : 二(두이) 총 2획
	一 二	
	두 개의 손가락을 펴거나 나무젓가락 두 개를 옆으로 뉘어 놓은 모양을 본떠 만들었어요.	

二重 이중	두 겹, 중복(重複). (重 무게 중)
六二五 육이오	6·25 전쟁(戰爭). (六 여섯 육, 五 다섯 오)

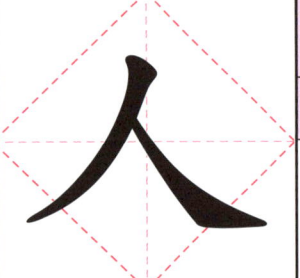

一口二言 일 구 이 언	한 입으로 두 말을 한다는 뜻으로, 말을 이랬다저랬다 함을 이르는 말이에요.

人	사람 인	부수 : 人(사람인) 총 2획
	ノ 人	
	사람이 허리를 굽히고 서 있는 것을 옆에서 본 모양을 본떠 만들었어요.	

人口 인구	①한 나라 또는 일정 지역에 사는 사람의 총수. ②뭇 사람들의 입. (口 입 구)
個人 개인	한 사람 한 사람. (個 낱 개)

眼下無人 안 하 무 인	눈 아래에 사람이 없다는 뜻으로, 사람됨이 교만(驕慢)하여 남을 업신여김을 이르는 말이에요.

한 일	부수: 一(한일) 총 1획
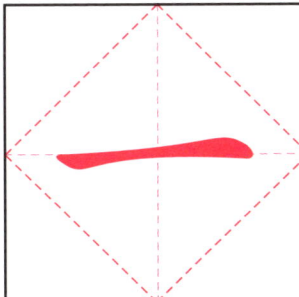	一
	한 손가락을 옆으로 펴거나 나무젓가락 하나를 옆으로 뉘어 놓은 모양을 본떠 만들었어요.

一年 일년	한 해. (年 해 년)
一周 일주	한 바퀴를 돎. (周 두루 주)

一石二鳥 일석이조	한 개의 돌을 던져 두 마리의 새를 맞추어 떨어뜨린다는 뜻으로, 한 가지 일을 해서 두 가지 이익(利益)을 얻음을 이르는 말이에요.

날 일	부수: 日(날일) 총 4획
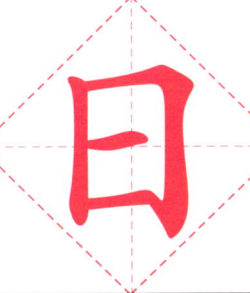	ㅣ 冂 日 日
	하늘에 떠 있는 해를 본떠 만들었어요.

日記 일기	날마다 규칙적으로 하루의 일을 되돌아보면서, 그 날 있었던 일이나 자기(自己)의 생각이나 느낌 따위를 솔직(率直)하게 적는 글. (記 기록 기)
每日 매일	하루하루의 모든 날. (每 매양 매)

作心三日 작심삼일	단단히 먹은 마음이 삼일(三日)을 가지 못한다는 뜻으로, 결심이 굳지 못함을 이르는 말이에요.

들 입

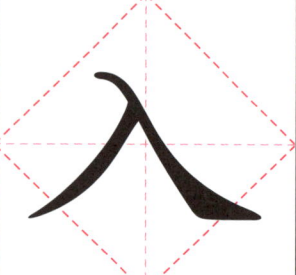

부수: 入(들입) 총 2획

ノ 入

굴이나 토담집 등에 들어가는 모양을 본떠 만들었어요.

入學 입학	학교(學校)에 들어감. (學 배울 학)
入社 입사	회사(會社)에 취직(就職)하여 들어감. (社 모일 사)

入耳出口 입이출구
들은 바를 곧장 남에게 말하거나 남의 말을 제 주견(主見)인 양 그대로 옮기는 것을 비유해요.

스스로 자

부수: 自(스스로자) 총 6획

ノ 丨 冂 自 自 自

사람의 코 모양을 본뜬 글자로 코는 자기 자신을 나타내기 때문에 스스로란 뜻이 있어요.

自身 자신	그 사람의 몸, 또는 바로 그 사람을 이르는 말. (身 몸 신)
自習 자습	혼자의 힘으로 배워서 익힘. (習 익힐 습)

悠悠自適 유유자적
여유(餘裕)가 있어 한가(閑暇)롭고 걱정이 없는 모양(模樣)이라는 뜻으로, 속세(俗世)에 속박(束縛)됨 없이 자기(自己)가 하고 싶은 대로 마음 편히 지냄을 이르는 말이랍니다.

아들 자 　　　　　　부수: 子(아들자) 총 3획

一 了 子

어린아이가 두 팔을 벌리고 서 있는 모양을 본떠 만든 글자로 아들을 뜻해요.

子女 자녀	아들과 딸을 아울러 이르는 말. (女 여자 녀)
弟子 제자	스승으로부터 가르침을 받는 사람. (弟 아우 제)

 子　子

子欲養而親不待
자 욕 양 이 친 부 대

자식(子息)이 부모(父母)에게 봉양(奉養)하고자 하나 부모(父母)는 기다려 주지 않는다는 뜻으로 부모(父母)가 살아계실 때 효도(孝道)를 다하라는 뜻이 담겨 있어요.

글자 자 　　　　　　부수: 子(아들자) 총 6획

丶 丶 宀 宁 字 字

집 안(宀)에 아들(子)이 태어나는 것처럼 옛날에는 계속해서 생겨나는 것이 글자라고 생각했데요.

文字 문자	글자. 예전부터 전(傳)하여 내려오는 어려운 말귀. (文 글월 문)
漢字 한자	중국어(中國語)를 표기(表記)하는 문자(文字). 표의적(表意的) 음절(音節) 문자(文字)로 우리나라나 일본(日本) 등에서도 널리 쓰이고 있음. (漢 나라 한)

 字　字

識字憂患
식 자 우 환

글자를 아는 것이 오히려 근심이 된다는 뜻으로, 알기는 하지만 똑바로 알지 못하기 때문에 그 지식(知識)이 오히려 걱정거리가 된다는 뜻이랍니다.

길 **장**   부수: 長(길장) 총 8획

一 厂 厂 斤 户 토 툱 長

머리카락이 긴 노인이 지팡이를 짚고 서 있는 모양을 본떠 만들었어요. 윗부분은 머리카락이 날리는 모습이지요. 그래서 길다는 의미가 파생되었답니다.

成長 성장	사람이나 동식물 따위가 자라서 점점 커짐. (成 이룰 성)
長男 장남	맏아들. (男 사내 남)

一長一短 일장일단
일면의 장점(長點)과 다른 일면의 단점(短點)을 통틀어 이르는 말이에요.

마당 **장**   부수: 土(흙토) 총 12획

一 十 土 土' 圹 圹 坭 坭 垥 垥 場 場

흙(土)으로 평평하게 만든 넓은 데서 해가 솟는(昜) 것을 보는 곳, 곧 마당을 말해요.

場所 장소	어떤 일이 이루어지거나 일어나는 곳. (所 바 소)
牧場 목장	소·말·양 따위를 놓아먹이는 넓은 구역(區域)의 땅. (牧 기를 목)

滿場一致 만장일치
회장(會場)에 모인 모든 사람들의 뜻이 완전(完全)히 일치(一致)할 때 사용하는 말이에요.

번개 전 　　　　　부수 : 雨(비 우) 총 13획

一 冖 丙 币 币 雨 雨 雨 雷 電

비(雨)가 올 때 번갯불 모양(申)이 보이니 번개를 나타내지요.

| 電氣 전기 | 물질 안에 있는 전자 또는 공간에 있는 자유 전자나 이온들의 움직임 때문에 생기는 에너지의 한 형태. (氣 기운 기) |
| 電話 전화 | 전화기(電話機)를 이용(利用)하여 서로 이야기를 주고받음. (話 대화 화) |

電光石火
전 광 석 화

번갯불이나 부싯돌의 불이 번쩍거리는 것과 같이 매우 짧은 시간(時間)이나 매우 재빠른 움직임 따위를 비유적으로 이르는 말이에요.

온전할 전 　　　　　부수 : 入(들 입) 총 6획

丿 入 仝 仝 全 全

왕(王)이 들어오니(入) 온전하다 또는 갖추다의 뜻이 돼요.

| 全體 전체 | 온몸. 전신(全身). 전부(全部). 개개 또는 부분의 집합으로 구성된 것을 몰아서 하나의 대상으로 삼는 경우에 바로 그 대상. (體 몸 체) |
| 安全 안전 | 편안(便安)하여 탈이나 위험성(危險性)이 없음. 또는 그런 상태. (安 편안 안) |

全心全力
전 심 전 력

온 마음과 온 힘을 다 기울여서 뭔가를 할 때 사용하는 말이에요.

앞 **전**　　　부수 : ⼑(선칼도방) 총 9획

丶 丷 亠 屵 屵 前 前

배(月=舟)를 타고 칼(⼑=刀)을 휘두르며 나아가는(止) 방향이니 바로 앞이지요.

事前 사전　어떤 일을 시작(始作)하거나 실행(實行)하기 전, 또는 일이 일어나기 전(前). (事 일 사)

前後 전후　앞과 뒤. 먼저와 나중. (後 뒤 후)

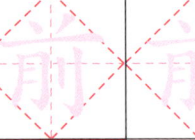

風前燈火 풍전등화　바람 앞의 등불이라는 뜻으로, 사물(事物)이 매우 위태로운 처지에 놓여 있음을 비유적으로 이르는 말이에요.

바를 **정**　　　부수 : 止(그칠지) 총 5획

一 丅 下 正 正

한(一) 가지 길일지라도 멈추어(止) 서서 살피니 바르다는 뜻이 돼요.

正直 정직　거짓이나 꾸밈이 없이 성품(性品)이 바르고 곧음. (直 곧을 직)

正確 정확　어떤 기준(基準)이나 사실(事實)에 잘못됨이나 어긋남이 없이 바르게 맞는 상태(狀態)에 있는 것. (確 굳을 확)

事必歸正 사필귀정　처음에는 시비(是非) 곡직(曲直)을 가리지 못하여 그릇되더라도 모든 일은 결국에 가서는 반드시 바른길로 돌아간다는 의미를 담고 있어요.

아우 제　　　　　　　부수 : 弓(활궁) 총 7획

丶丷丛půl弟弟

활(弓)을 가지고 노는 아이의 모습을 본떠 만든 글자예요.

弟子 제자	스승으로부터 가르침을 받는 사람. (子 아들 자)
師弟 사제	스승과 제자(弟子). (師 스승 사)

兄弟姉妹
형 제 자 매

형제(兄弟)와 자매(姉妹)를 말해요.

조상 조, 할아버지 조　　부수 : 示(보일시) 총 10획

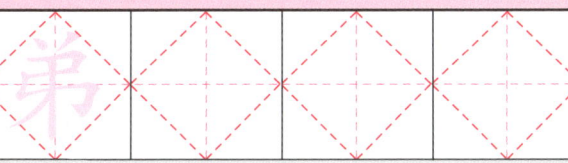

제사상(示)에 고기나 음식을 겹쳐 쌓아 올려(且) 모시니 조상 또는 할아버지를 뜻해요.

祖上 조상	한 집안이나 한 민족(民族)의 옛 어른들. (上 윗 상)
祖國 조국	조상(祖上) 적부터 살던 나라. 자기(自己)의 국적이 속하여 있는 나라. (國 나라 국)

換父易祖
환 부 역 조

아버지와 할아버지를 바꾼다는 뜻으로, 지체가 낮은 사람이 부정한 방법으로 양반집 뒤를 이어 양반 행세를 함을 이르는 말이에요.

발 족, 지나칠 주 부수: 足(발족) 총 7획

丨 口 口 F F 足 足

무릎에서 발끝까지의 모양을 본떠 만든 글자예요.

滿足 만족 — 마음에 모자람이 없어 흐뭇함. (滿 찰 만)

洽足 흡족 — 아주 넉넉함, 두루 퍼져서 조금도 모자람이 없음. (洽 화할 흡)

安分知足 안분지족 — 자기(自己) 분수(分數)에 만족(滿足)하여 다른 데 마음을 두지 아니한다는 뜻이에요.

왼 좌 부수: 工(장인공) 총 5획

一 ナ 左 左 左

도구(工)를 잡는 손(ナ)이니 왼쪽을 나타내요.

左便 좌편 — 왼쪽. (便 편할 편)

左遷 좌천 — 관리(官吏)가 높은 자리에서 낮은 자리로 떨어지거나 외직으로 전근됨을 이르는 말. (遷 옮길 천)

左之右之 좌지우지 — 왼쪽으로 돌렸다 오른쪽으로 돌렸다 한다는 뜻으로, 사람이 어떤 일이나 대상(對象)을 제 마음대로 휘두르거나 다룰 때 사용해요.

	임금 주, 주인 주 부수: 丶(점주) 총 5획
	丶 亠 亍 宇 主
	등불(丶)과 촛대의 모양(王)을 본떠 만들었으며 등불의 중심은 바로 주인, 군주래요. 원래 왕과는 관련이 없어요.

主張 주장	자기(自己) 의견(意見)을 굳이 내세움. (張 베풀 장)
主婦 주부	한 가정의 살림살이를 맡아 꾸려 가는 안주인. (婦 아내 부)

主   主   主

主客顚倒 주 객 전 도	주인(主人)은 손님처럼 손님은 주인(主人)처럼 행동(行動)을 바꾸어 한다는 것으로 입장(立場)이 뒤바뀜을 이르는 말이에요.

	살 주 부수: 亻(사람인변) 총 7획
	丿 亻 亻 亻 住 住 住
	사람(亻=人)이 주인(主)처럼 머무르니 사는 곳을 뜻해요.

住所 주소	사는 곳. (所 바 소)
住宅 주택	① 살림살이를 할 수 있도록 지은 집. ② 사람이 살 수 있도록 지은 집. (宅 집 택)

住   住   住

去住兩難 거 주 양 난	가야 할지 머물러야 할지 결정(決定)하기 어려운 상황(狀況)을 이르는 말이에요.

가운데 중   부수 : ㅣ(뚫을곤) 총 4획

丨 口 口 中

사물(口)의 한가운데를 상하로 꿰뚫(丨)으니 중심, 또는 중앙을 뜻해요.

中心 중심	한가운데, 복판, 중요(重要)하고 기본(基本)이 되는 부분(部分). (心 마음 심)
心中 심중	마음속. (心 마음 심)

言中有骨 언중유골
말 속에 뼈가 있다는 뜻으로, 예사로운 말 속에 단단한 속뜻이 들어 있음을 이르는 말이에요.

무거울 중   부수 : 里(마을리) 총 9획

丿 二 千 千 千 百 重 重 重

천(千) 개의 마을(里)이 있으니 넓고 크고 무겁겠죠.

尊重 존중	높이고 중(重)히 여김. (尊 높을 존)
重要 중요	매우 귀중(貴重)하고 소중(所重)함. (要 구할 요)

捲土重來 권토중래
흙먼지를 날리며 다시 온다는 뜻으로, 한 번 실패하였으나 힘을 회복(回復)하여 다시 쳐들어옴을 이르는 말이에요.

종이 지 부수: 糸(실사) 총 10획

丶 ㄥ ㄠ 幺 乡 糸 糸 糹 紅 紙 紙

섬유질(糸)이 얽혀(氏)서 만들어진 편편한 것이니 종이를 뜻해요.

休紙 휴지	못 쓰게 된 종이. 밑씻개나 코를 풀거나 하는 데 쓰는 종이. (休 쉴 휴)
便紙 편지	소식(消息)을 서로 알리거나 용건(用件)을 적어 보내는 글, 또는 그리하는 일. (便 편할 편)

眼光紙背 안광지배 — 눈빛이 종이의 뒤까지 꿰뚫어 본다는 뜻으로, 독서(讀書)의 이해력(理解力)이 날카롭고 깊음을 이르는 말이에요.

땅 지 부수: 土(흙토) 총 6획

一 十 土 圵 坩 地

흙(土)이 큰 뱀의 모양을 한 온 누리(也)에 깔려 있으니 땅을 말해요.

地位 지위	개인(個人)이 차지하는 사회적(社會的) 위치(位置). (位 자리 위)
宅地 택지	집터. 집을 지을 땅. (宅 집 택)

易地思之 역지사지 — 처지(處地)를 서로 바꾸어 생각함이란 뜻으로, 상대방(相對方)의 처지(處地)에서 생각해 본다는 말이에요.

곧을 **직** 부수 : 目(눈목) 총 8획

一 十 十 古 古 吉 直 直

열(十) 개의 눈(目), 즉 여러 개의 눈으로 숨어 있는(ㄴ) 것도 보니 곧고 바르게 볼 수 있어요.

| 直接 직접 | 중간(中間)에 매개(媒介)나 거리(距離)·간격(間隔) 없이 바로 접함. (接 이을 접) |
| 正直 정직 | 거짓이나 꾸밈이 없이 성품(性品)이 바르고 곧음. (正 바를 정) |

直 直 直

單刀直入 단 도 직 입

혼자서 칼을 휘두르고 거침없이 적진(敵陣)으로 쳐들어간다는 뜻으로, 문장(文章)이나 언론(言論)의 너절한 허두(虛頭)를 빼고 바로 그 요점(要點)으로 풀이하여 들어감을 말해요.

내 **천** 부수 : 川(내천) 총 3획

丿 丿丨 川

언덕 사이로 물이 흐르고 있는 모양을 본떠 만든 글자예요.

| 河川 하천 | 강과 시내. (河 하천 하) |
| 深川 심천 | 깊은 내. (深 깊을 심) |

川 川 川

山川草木 산 천 초 목

산천(山川)과 초목(草木). 곧 산과 물과 나무와 풀이라는 뜻으로, 자연(自然)을 일컫는 말이에요.

일천 천   부수 : 十(열십) 총 3획

丿 二 千

많은 수(十)의 사람(人)이니 천을 뜻해요. 옛날에는 십(十)이 많은 수를 뜻했어요.

千里 천리	① 십(十) 리(里)의 백 갑절. ② 썩 먼 거리(距離). ③ 멀리 떨어져 있는 거리 (距離). (里 마을 리)
千年 천년	① 백 년의 열 갑절. ② 썩 오랜 세월(歲月). (年 해 년)

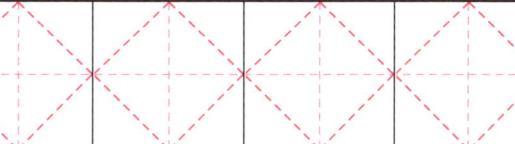

千載一遇
천 재 일 우

천 년에 한 번 만난다는 뜻으로, 좀처럼 얻기 어려운 좋은 기회(機會)를 이르는 말이에요.

하늘 천   부수 : 大(큰대) 총 4획

丿 二 チ 天

사람이 서 있는(大) 데 그 위로 끝없이 펼쳐져 있는(一) 게 바로 하늘이지요.

天地 천지	① 하늘과 땅. ② 우주(宇宙). (地 땅 지)
天然 천연	① 사람의 힘을 가(加)하지 않은 상태(狀態). ② 사람의 힘으로는 어떻게도 할 수 없는 상태(狀態). (然 그럴 연)

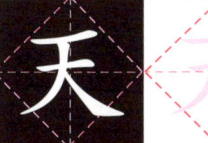

天下一色
천 하 일 색

세상(世上)에 드문 아주 뛰어난 미인(美人)을 천하일색이 라 하지요. 비슷한 말로 천하절색(天下絕色)이 있어요.

	푸를 청 부수: 靑(푸를청) 총 8획
	一 = 丰 主 丰 青 青 青
	붉은(丹) 틈에서 피어나는 새싹(生)은 더욱 푸르러 보인다는 뜻이 합쳐져서 '푸르다'를 뜻해요.

靑山 청산	풀과 나무가 무성(茂盛)하여 푸른 산(山). (山 뫼 산)
靑春 청춘	십 대 후반(後半)에서 이십 대에 걸치는, 인생(人生)의 젊은 나이. (春 봄 춘)

靑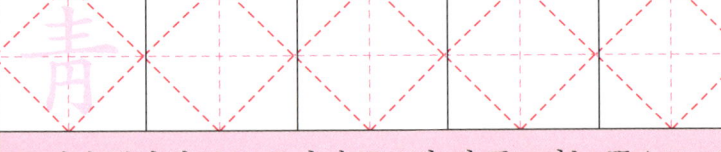

靑出於藍 청 출 어 람	쪽에서 뽑아낸 푸른 물감이 쪽보다 더 푸르다는 뜻으로, 제자(弟子)나 후배가 스승이나 선배보다 나음을 비유적으로 이르는 말이에요.

	풀 초 부수: ++(초두머리) 총 10획
	一 十 卄 丱 丱 甘 昔 草 草
	해(日)가 뜨는 동쪽(十)에서 풀(++=艸)이 돋아난다는 의미래요.

草木 초목	풀과 나무. (木 나무 목)
草家 초가	볏짚·밀짚·갈대 등으로 지붕을 인 집. 초가집. (家 집 가)

草

結草報恩 결 초 보 은	풀을 묶어서 은혜(恩惠)를 갚는다는 뜻으로, 죽은 뒤에라도 은혜(恩惠)를 잊지 않고 갚음을 이르는 말이에요.

	마디 촌	부수: 寸(마디촌) 총 3획
	一 十 寸	
	손목에서 맥박이 뛰는 곳을 표현한 것이에요. 옛날에는 길이를 '마디' 또는 '치'라 했어요.	

三寸 삼촌	한 자의 10분의 3, 즉 세 치, 또는 아버지의 친형제(親兄弟). (三 석 삼)
八寸 팔촌	여덟 치, 또는 삼종(三從) 형제(兄弟)되는 촌수(寸數). (八 여덟 팔)

一寸光陰不可輕
일 촌 광 음 불 가 경

아주 짧은 시간(時間)이라도 헛되이 보내지 말라는 뜻이에요.

	마을 촌	부수: 木(나무목) 총 7획
	一 十 才 木 村 村	
	나무(木)를 중심으로 가까운 거리(寸)에 사람들이 모여 사니 마을이지요.	

江村 강촌	강가에 있는 마을. (江 강 강)
農村 농촌	농토(農土)를 끼고 농사(農事)를 짓는 사람들이 사는 마을. (農 농사 농)

山間僻村
산 간 벽 촌

산간(山間) 지대(地帶)의 궁벽(窮僻)한 마을. 즉 산속에 있는 후미진 외딴 마을을 말해요.

가을 **추**   부수 : 禾(벼화) 총 9획

丿 二 千 千 禾 禾 禾ˇ 秋 秋

곡식(禾)을 베어서 불(火)로 말리는 계절이니 가을을 뜻해요.

秋夕 추석	우리나라 명절(名節)의 하나, 음력(陰曆) 8월 보름. 중추절(中秋節), 한가위. (夕 저녁 석)
立秋 입추	24절기(節氣)의 열셋째. 대서와 처서 사이에 드는 데, 양력(陽曆) 8월 8일이나 9일이 되며 이때부터 가을이 시작(始作)됨. (立 설 입)

秋月春風
추 월 춘 풍

가을 달과 봄바람이라는 뜻으로, 흘러가는 세월(歲月)을 이르는 말이에요.

봄 **춘**   부수 : 日(날일) 총 9획

一 二 三 夫 耒 春 春

풀(艸)이 돋아나도록(屯) 해(日)가 비추는 계절이 바로 봄이에요.

春秋 춘추	① 봄과 가을. ② 어른의 나이에 대한 존칭(尊稱). ③ 춘추(春秋) 시대의 줄임. ④ 공자(孔子)가 엮은 것으로 오경(五經)의 하나. (秋 가을 추)
春分 춘분	24절기(節氣)의 넷째. 경칩(驚蟄)과 청명(淸明) 사이로 양력(陽曆) 3월 21일 경(頃)으로 주야(晝夜)의 길이가 같음. (分 나눌 분)

一場春夢
일 장 춘 몽

한바탕의 봄꿈처럼 헛된 영화(榮華)나 덧없는 일이란 뜻으로, 인생(人生)의 허무(虛無)함을 비유하여 이르는 말이에요.

82

出	날 출	부수 : 凵(위튼입구몸) 총 5획
	ㅣ ㅏ 屮 出 出	
	식물의 싹(屮)이 땅 위로 돋아나는 모양(凵)을 본떠 만들어 '나다' 를 뜻해요.	

出發 출발	목적지(目的地)를 향하여 나아감. 또는 어떤 일을 시작(始作)함. 또는 그 시작(始作). (發 필 발)
脫出 탈출	어떤 상황이나 구속 따위에서 빠져나옴. (脫 벗을 탈)

出將入相 출장입상	나가서는 장수(將帥)요, 들어와서는 재상(宰相)이라는 뜻으로, 난시(亂時)에는 싸움터에 나가서 장군(將軍)이 되고, 평시(平時)에는 재상(宰相)이 되어 정치(政治)를 함을 이르는 말이에요.

七	일곱 칠	부수 : 一(한일) 총 2획
	一 七	
	하늘에 떠 있는 북두칠성의 모습을 본 뜬 글자에요. 북두칠성은 7개의 별로 이루어져 있지요.	

七夕 칠석	음력(陰曆) 7월 7일, 이때에 은하의 서쪽에 있는 직녀와 동쪽에 있는 견우가 오작교에서 일 년에 한 번 만난다는 전설이 있음. (夕 저녁 석)
七月 칠월	한 해의 열두 달 가운데 일곱째 달. (月 달 월)

七顚八起 칠전팔기	일곱 번 넘어지고 여덟 번 일어난다는 뜻으로, 여러 번 실패(失敗)하여도 굴하지 아니하고 꾸준히 노력함을 이르는 말이에요.

흙 **토**   부수: 土(흙토) 총 3획

一 十 土

싹이 흙을 뚫고 땅 위로 돋아나는 모양을 본떠 만든 글자예요.

土地 토지	땅, 흙, 논밭, 집터, 터. (地 땅 지)
風土 풍토	기후(氣候)와 토지(土地)의 상태(狀態). (風 바람 풍)

土

身土不二 신 토 불 이

몸과 땅은 둘이 아니고 하나라는 뜻으로, 자기가 사는 땅에서 산출(産出)한 농산물(農産物)이라야 체질(體質)에 잘 맞음을 이르는 말이에요.

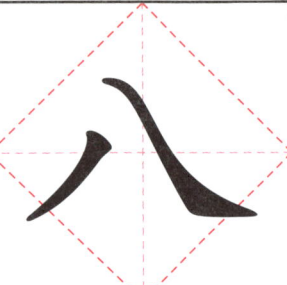

여덟 **팔**   부수: 八(여덟팔) 총 2획

丿 八

양손의 네 손가락씩 두 손을 편 모양이나 물건(物件)이 둘로 나누어지는 모양을 본떠 만들었어요.

八十 팔십	여든, 나이 여든 살. (十 열 십)
八月 팔월	일년 중 여덟 번째의 달, 추석. (月 달 월)

八

八方美人 팔 방 미 인

어느 모로 보나 아름다운 사람, 여러 방면에 능통한 사람을 비유적으로 이르는 말이에요.

| 편할 편, 똥오줌 변 | 부수: 亻(사람인변) 총 9획 |

丿 亻 亻 仃 伂 佰 便 便

사람(亻=人)에게 한 번(一) 말(曰)만 하면 사람(人)에게 편하도록 바꾸게 돼요.

便紙 편지 소식(消息)을 서로 알리거나, 용건(用件)을 적어 보내는 글, 또는 그리하는 일. (紙 종이 지)

小便 소변 오줌. (小 작을 소)

兩便公事 양편공사 양편의 의견(意見)을 듣고 시비(是非)를 공평(公平)하게 판단(判斷)하는 일을 말해요.

| 평평할 평 | 부수: 干(방패간) 총 5획 |

一 フ 亠 亓 平

방패(干)는 나누어도(八) 고르고 평평해요.

平和 평화 ① 평온(平穩)하고 화목(和睦)함. ② 전쟁(戰爭), 분쟁 또는 일체의 갈등이 없이 평온함, 또는 그런 상태. (和 화할 화)

平等 평등 권리, 의무, 자격 등이 차별 없이 고르고 한결같음. (等 무리 등)

太平聖代 태평성대 어질고 착한 임금이 다스리는 태평(太平)한 세상(世上)이나 시대를 말해요.

ㅎ

下

아래 **하** 부수: 一(한일) 총 3획

一 丅 下

기준선(一)보다 아래에 물건(卜)이 있음을 나타내고 있어요.

下降 하강	① 공중(空中)에서 아래쪽으로 내림. ② 기온(氣溫) 따위가 내림. (降 내릴 강)
下流 하류	① 강이나 내의 흘러가는 물의 아래편. ② 수준 따위가 낮은 부류. (流 흐를 류)

下   下   下

燈下不明 등하불명
'등잔(燈盞) 밑이 어둡다'는 뜻으로 가까이에 있는 물건이나 사람을 잘 찾지 못함을 이르는 말이에요.

夏

여름 **하** 부수: 夂(천천히걸을쇠발) 총 10획

一 ア 丆 丙 丙 百 百 頁 夏 夏

큰 머리(頁)에 탈을 쓰고 춤을 추듯 천천히 걸으면서(夂) 제사를 지낸 계절이 여름이었다고 해요.

清夏 청하	맑고 산뜻한 여름. (淸 맑을 청)
夏服 하복	여름 옷. (服 옷 복)

夏   夏   夏

夏爐冬扇 하로동선
여름의 화로(火爐)와 겨울의 부채라는 뜻으로, 아무 소용(所用) 없는 말이나 재주를 비유하여 이르는 말. 또는 철에 맞지 않거나 쓸모없는 사물(事物)을 비유하여 이르는 말이에요.

	배울 학 부수 : 子(아들자) 총 16획
	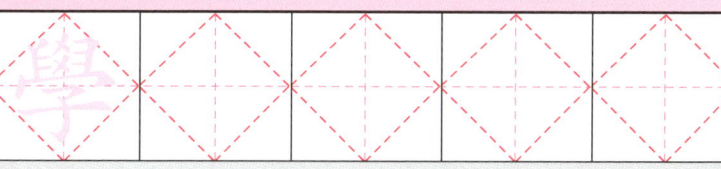
	배울 학은 상형자에 보면 어린아이가 책상 위에서 손으로 무언가를 배우는 그림이에요. 그런데 손가락 안에 있는 곱하기 두 개는 상형자로 효(孝)를 뜻하죠. 아이가 책상 위에서 인간의 도리를 배운다는 의미가 배울 학이에요.
入學 입학 (入 들 입)	학교(學校)에 들어감.
學問 학문 (問 물을 문)	어떤 분야를 체계적으로 배워서 익힘. 또는 그런 지식(知識)을 말해요.

博學多識 박학다식	학식이 넓고 아는 것이 많음을 뜻해요.

	나라이름 한, 한국 한 부수 : 韋(가죽위) 총 17획
	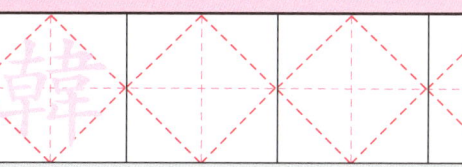
	우물가를 에워싸는(韋) 우물 난간이라는 뜻을 갖고 있어요.
韓國 한국 (國 나라 국)	대한민국(大韓民國)의 약칭(略稱).
韓服 한복 (服 옷 복)	우리나라의 고유(固有)한 옷.

三韓甲族 삼한갑족	우리나라에서 대대(代代)로 문벌(門閥)이 높은 집안을 일컬어요.

漢

한수 한, 한나라 한　　부수: 氵(삼수변) 총 14획

丶 丶 氵 氵 氵 氵 氵 氵 氵 漢 漢 漢 漢 漢

양자강 상류 하천(氵=水)에 어렵다(難)는 뜻의 생략형이 합하여 '한나라'를 뜻해요.

| 漢詩 한시 | 한문(漢文)으로 지은 시(詩). (詩 시 시) |
| 漢江 한강 | 우리나라 중부를 흐르는 강. 태백산맥에서 시작하여 황해로 흘러듦. (江 강 강) |

漢

漢江投石 한강투석
한강(漢江)에 돌 던지기라는 뜻으로, 지나치게 미미하여 아무런 효과를 미치지 못함을 이르는 말이에요.

海

바다 해　　부수: 氵(삼수변) 총 10획

丶 丶 氵 氵 氵 氵 海 海 海 海

물(氵=水)이 끊임없이(每) 흘러 모이는 곳이 바로 바다예요.

| 海軍 해군 | 바다에서 전투(戰鬪)를 맡아 하는 군대(軍隊). (軍 군사 군) |
| 海洋 해양 | 넓은 바다, 지구(地球)의 거죽에 큰 넓이로 짠물이 많이 괴어 있는 곳. (洋 물 양) |

海

桑田碧海 상전벽해
'뽕나무밭이 푸른 바다가 되었다'라는 뜻으로, 세상(世上)이 몰라 볼 정도(程度)로 바뀐 것. 세상(世上)의 모든 일이 엄청나게 변해 버린 것을 의미해요.

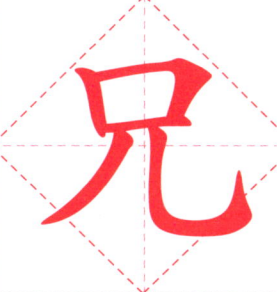

맏 형, 형 형 　　부수: 儿(어진사람인발) 총 5획

丨 口 ロ 尸 兄

아우나 누이를 말(口)로 가르치고 이끌어 주는 사람(儿)이 형이라는 뜻이에요.

兄弟 형제	형과 아우. (弟 아우 제)
仁兄 인형	벗에 대한 높임말, 편지글에서 친구 사이에 상대편을 높여 이르는 이인칭 대명사. (仁 어질 인)

難兄難弟
난 형 난 제

누구를 형이라 하고 누구를 아우라 하기 어렵다는 뜻으로, 두 사물(事物)이 비슷하여 낫고 못함을 정하기 어려움을 이르는 말이에요.

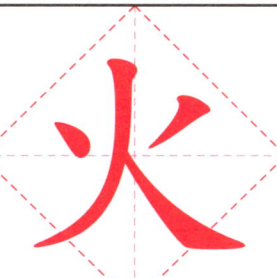

불 화 　　부수: 火(불화) 총 4획

丶 丶 丷 火

불이 타고 있는 모양 또는 화산이 불을 뿜는 모양이에요.

火山 화산	땅속에 있는 가스, 마그마 따위가 지각의 터진 틈을 통하여 지표로 나와 쌓여서 이루어진 산으로 사화산(死火山), 휴화산(休火山), 활화산(活火山)으로 나뉨. (山 뫼 산)
火災 화재	불이 나는 재앙(災殃) 또는, 불로 인한 재난(災難). (災 재앙 재)

風前燈火
풍 전 등 화

바람 앞의 등불이라는 뜻으로, 사물이 매우 위태로운 처지에 놓여 있음을 비유적으로 이르는 말, 또는 사물이 덧없음을 비유적으로 이르는 말이에요.

말씀 화, 말할 화	부수 : 言(말씀언) 총 13획

丶 亠 言 言 言 訐 話

말(言)은 입 안에서 혀를 내민 모양(舌)으로 알 수 있으니 말씀을 나타내지요.

對話 대화	마주 대(對)하여 서로 의견(意見)을 주고받으며 이야기하는 것, 또는 그 이야기. (對 대할 대)
神話 신화	예로부터 사람들 사이에서 말로 전(傳)해져 오는 신을 중심(中心)으로 한 이야기. (神 귀신 신)

閑談屑話 한담설화 — 한가(閑暇)한 말과 자질구레한 이야기라는 뜻으로, 심심풀이로 하는 실없는 말을 이르는 말이에요.

꽃 화	부수 : ++(초두머리) 총 8획

一 十 艹 艹 艹 艽 花 花

풀(++ = 艸)이 자라서 봉오리가 맺히고 피어나서 예쁘게 되니(化) 꽃이에요.

花壇 화단	뜰 한쪽에 조금 높게 하여 꽃을 심기 위해 꾸며 놓은 터, 꽃밭. (壇 단 단)
開花 개화	① 꽃이 핌. ② 사람의 지혜가 열리고 사상(思想)·풍속(風俗)이 발달(發達)함. (開 열 개)

錦上添花 금상첨화 — 비단(緋緞) 위에 꽃을 더한다는 뜻으로, 좋은 일에 또 좋은 일이 더하여짐을 이르는 말이에요.

살 **활** 부수 : 氵(삼수변) 총 9획

氵 氵 氵 氵 汗 汗 活 活

물(氵=水, 氺) 맛을 혀(舌)로 음미하며 마시니 몸이 살아나요.

活動 활동 ① 기운차게 움직임. ② 무슨 일의 성과를 거두려고 운동함.
(動 움직일 동)

生活 생활 ① 사람이나 동물이 일정한 환경에서 활동(活動)하며 살아감. ② 생계(生計)나 살림을 꾸려 나감. (生 날 생)

死中求活
사 중 구 활

죽을 고비에서 살길을 찾는다는 뜻으로, 난국을 타개하기 위(爲)해 감(敢)히 위험(危險)한 상태(狀態)에 뛰어듦을 이르는 말이에요.

효도 **효** 부수 : 子(아들자) 총 7획

一 十 土 耂 耂 孝 孝

노인(耂)을 아들(子)이 받드니 효도지요.

孝道 효도 부모(父母)를 잘 섬기는 도리(道理), 또는 부모(父母)를 정성껏 잘 섬기는 일. (道 길 도)

孝子 효자 어버이를 잘 섬기는 아들. (子 아들 자)

事親以孝
사 친 이 효

삼국 통일의 원동력이 된 화랑(花郎)의 세속오계(世俗五戒)의 하나로 어버이를 섬김에 효도(孝道)로써 함을 이르는 말이에요.

뒤 후   부수 : 彳(두인변) 총 9획

丿 ㇇ 彳 彳 彳 彳 後 後 後

발걸음(彳)을 아이처럼 작게(幺) 내딛으며 뒤쳐져(夂) 걸으니 '뒤'를 뜻해요.

後孫 후손	이후(以後)에 태어나는 자손들. (孫 손자 손)
後悔 후회	이전의 잘못을 깨치고 뉘우침. (悔 뉘우칠 회)

死後藥方文
사 후 약 방 문

죽은 뒤에 약의 처방을 한다는 뜻으로, 때가 지난 뒤에 어리석게 애를 쓰는 경우를 비유적으로 이르는 말이지요. 이미 때가 지난 후(後)에 대책(對策)을 세우거나 후회(後悔)해도 소용(所用)없다는 말이랍니다.

쉴 휴   부수 : 亻(사람인변) 총 6획

丿 亻 亻 什 什 休

사람(亻=人)이 나무(木) 그늘에서 쉬고 있어요.

休息 휴식	하던 일을 멈추고 잠깐 동안 쉼. (息 쉴 식)
休務 휴무	직무를 보지 아니하고 하루 또는 한동안 쉼. (務 힘쓸 무)

年中無休
연 중 무 휴

한 해 동안 하루도 쉬는 일이 없음을 뜻해요.